GR®
20

A travers la montagne corse

Fra li monti®

Parc naturel régional de Corse
Parcu di Corsica

FFRandonnée
www.ffrandonnee.fr
association reconnue d'utilité publique
64, rue du Dessous-des-Berges
75013 PARIS

Cascade des Grades. *Photo PNRC.*

Sommaire

Les informations pratiques

Un bref aperçu de la région

L'itinéraire

A la découverte de la région

Comment utiliser le topo-guide

Des repères chiffrés jalonnent le descriptif et permettent de ss repérer facilement sur la carte.

Pour comprendre la carte IGN

Courbes de niveau

Altitude • 974

Les courbes de niveau
Chaque courbe est une ligne (figurée en orange) qui joint tous les points d'une même altitude. Plus les courbes sont serrées sur la carte, plus le terrain est pentu. A l'inverse, des courbes espacées indiquent une pente douce.

- Route
- Chemin
- Sentier
- Voie ferrée, gare
- Ligne à haute tension
- Cours d'eau
- Nappe d'eau permanente
- Source, fontaine
- Pont
- Eglise
- Chapelle, oratoire
- Calvaire
- Cimetière
- Château
- Fort
- Ruines
- Dolmen, menhir
- Point de vue

D'après la légende de la carte IGN au 1 : 50 000.

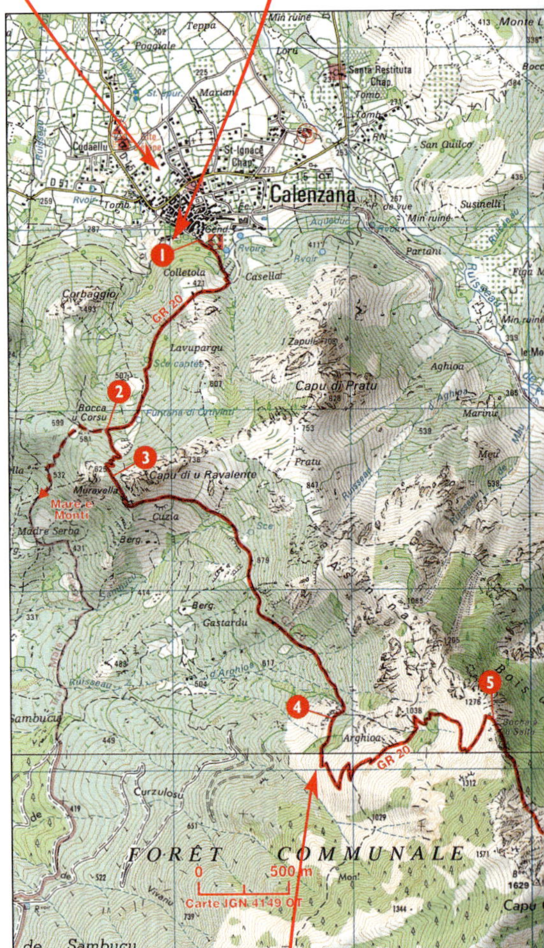

Les sentiers de Grande Randonnée® décrits dans ce topo-guide sont **tracés en rouge** sur la carte IGN au 1 : 25 000 **(1 cm = 250 m)**.

Sentier décrit

des Sentiers de Grande Randonnée® ?

Ce pictogramme indique l'altitude la plus basse de l'étape (en blanc), l'altitude la plus haute (en noir) et les dénivelées positives et négatives cumulées (en rouge).

La «liaison» est un itinéraire **balisé**, qui permet de rejoindre un hébergement, un moyen de transport, un point de ravitaillement, etc. Ces liaisons font l'objet d'une description détaillée.

Liaison

1520 m
+ 0 m
- 980 m (cumulés)

D'Ortu di u Piobbu à Bonifatu
aller : 2 h 30 retour : 3 h 30

GR® 20 Etape n° 1

1550 m
1295 m (cumulés)
- 50 m (cumulés)
275 m

De Calinzana au refuge d'Ortu di u Piobbu
aller : 6 h 30 retour : 5 h (pages 30 à 33)

▶ Attention : il n'existe aucun point d'eau entre la fontaine d'Ortiventi, au-dessus de Calinzana et Ortu di u Piobbu.

De Calinzana à un croisement de sentiers 1 h

À Calinzana : taxi, poste, médecin
Calinzana : ancien village de bergers, maison d'information du Parc régional de Corse.

1 À **Calinzana**, rejoindre le début de l'itinéraire situé à la fontaine de Sant'Antone (275 m), dans le haut du village, en direction du Sud-Est. Le sentier s'élève le long d'un authentique sentier muletier anciennement pavé pour atteindre la fontaine d'Ortiventi (*source légèrement au-dessus du sentier*). Un peu plus loin, atteindre **un croisement de sentiers** (550 m).

▶ Le sentier de droite (*Mare e Monti® ; voir topo-guide Corse, Entre mer et montagne ; balisage orange*) conduit à Bonifatu (*gîte d'étape, hôtel, restaurant, ravitaillement*) en 3 h 45. De là, il est possible d'accéder soit au refuge Ortu di u Piobbu en 3 h 40 (*liaison décrite p. 35*), soit d'accéder au refuge Carrozzu en 2 h 30 (*liaison décrite p. 39*).

Du croisement de sentiers au promontoire d'Arghjova 1 h 30

2 Au **croisement de sentiers**, tourner à gauche (Sud-Est), s'élever jusqu'à Bocca di u Ravalente (616 m).

3 Franchir la crête et pénétrer dans la forêt communale du Sambuccu (*qui signifie sureau*). Effectuer une grande traversée pour arriver au ruisseau d'Arghjova et atteindre le **promontoire d'Arghjova** (820 m).

Du promontoire d'Arghjova à Bocca à u Saltu 1 h 30

4 À partir du **promontoire d'Arghjova**, le sentier continue son ascension en larges lacets puis traverse une pente en direction Nord pour bifurquer vers l'Est et gagner **Bocca à u Saltu** (1250 m).

Calinzana

Son territoire, l'un des plus étendu de France, offre une grande variété de paysages : ses forêts et vallées, ses 30 km de façade maritime, les premiers contreforts de la montagne qui permettent un tourisme de pleine nature : randonnée, escalade, parapente. Le sanctuaire de sainte Restitude abrite le sarcophage de la Sainte Vierge corse martyrisée sous l'empereur Dioclétien en 303, l'église Sainte-Blaize, ancienne collégiale, et son campotile élevé sur le cimetière des Allemands. Ce bourg, qui fut l'un des vergers de la Corse, conserve son activité rurale autour de la vigne, du miel, des confitures, et de l'élevage de brebis et de chèvres produisant un fromage renommé. On y fabrique aussi des gâteaux secs (cuciulelli), ainsi que des apéritifs et liqueurs locales.

Calinzana. Photo Pascal Leygoute.

31

Le GR® est découpé en 15 étapes. Ce cartouche indique le point de départ et d'arrivée de chacune d'entre elles, et la durée totale de marche dans les deux sens.

Le temps de marche pour aller de **Calinzana** à **un croisement de sentiers** est de 1 h.

Pour savoir **où manger, dormir, acheter des provisions, se déplacer en train ou en bus, etc.** (voir le tableau et la liste des hébergements).

Couleur du **balisage**.

Quelques infos touristiques

Des « Hors GR » indiquent par endroits des possibilités d'ascension à réaliser entre deux étapes. Ils sont le plus souvent balisés au moyen de cairns, symbolisés dans le guide par ce pictogramme :

Description précise du sentier de Grande Randonnée®.

Pour découvrir **la nature** et **le patrimoine** de l'île.

Informations pratiques

Quelques idées de randonnées

Les itinéraires décrits

- le sentier GR® 20, en 15 étapes, allant de 4 à 8 heures (*voir page 9*), dans le sens Nord-Sud, pour un kilométrage total d'environ 200 kilomètres. Toutefois, pour les randonneurs qui préfèreraient parcourir l'itinéraire dans l'autre sens (Sud-Nord), les temps sont également indiqués, sous l'appellation « retour ».

- des liaisons, permettant de redescendre dans les vallées, sont aussi décrites et cartographiées, ou simplement reportées en tirets sur la carte lorsqu'elles utilisent l'itinéraire *Mare a Mare® (topo-guide réf. 065 « Corse, entre Mer et Montagne »)*.

- au départ de certains refuges, des « Hors GR », parfois réservés aux sportifs, décrivent brièvement des ascensions à réaliser entre deux étapes, à la journée ou la demi-journée.

D'autres possibilités

Pour randonner le temps d'un week-end ou d'un court séjour.

Un jour

Les aiguilles de Bavedda.
Au départ de Foce di Bavedda, utiliser la « variante alpine » (itinéraire sportif), puis le sentier GR® 20, 6 h 45, *voir pp. 106 et 104/105.*

Un jour

Le Lavu di Ninu.
Au départ de Castel de Vergio, suivre le sentier GR® 20 jusqu'au lavu di Ninu en aller/retour : 7 h 20, *voir pp. 50/51 et 54/55.*

Deux jours

Les étapes mythiques du GR® 20 avec E Cascettoni (cirque de la Solitude) et une nuit au refuge de Tighjettu. Attention, pas de transports en commun, deux voitures sont nécessaires.
Premier jour : de la station du Haut-Asco au refuge de Tighjettu, 6 h, *voir pp. 42/43.*
Second jour : du refuge de Tighjettu à Bocca di Verghju, 5 h 50, *voir pp. 46 à 49.*

Deux jours

Le Monte d'Oru.
Premier jour : de Vizzavona au refuge de l'Onda par la variante du Monte d'Oru, 8 h, *voir pp. 75 et 72.*
Second jour : du refuge de l'Onda à Vizzavona par le sentier GR® 20, 6 h 05, *voir pp. 72 à 75.*

Trois jours

Les lacs d'altitude. Attention, pas de transports en commun, deux voitures sont nécessaires.
Premier jour : de Soccia au refuge de Manganu, 4 h, *voir pp. 60/61.*
Deuxième jour : du refuge de Manganu au refuge de Petra Piana, 6 h 30 *voir pp. 62 à 65.*
Troisième jour : du refuge de Petra Piana à Guagno, 3 h 30, *voir pp. 66/67.*

Le balisage du sentier

Le sentier GR® 20 est balisé en blanc-rouge, les liaisons en jaune, selon le code du balisage illustré ci-contre.
La variante alpine de Bavedda est quant à elle balisée de deux traits jaune.
Les « Hors GR » sont balisés jaune ou plus souvent au moyen de cairns (tas de pierres).
Le sentier GR® 20 croise par endroits deux autres itinéraires balisés en orange : les sentiers *Mare a Mare®* et *Mare Monti®*.

SUIVEZ LE BALISAGE
POUR RESTER SUR LE BON CHEMIN.
LE BALISAGE DES SENTIERS
GR®
GRP®
PR®
Bonne direction
Tourner à droite
Tourner à gauche
Mauvaise direction
© Fédération française de la randonnée pédestre. Reproduction interdite

Rejoignez-nous
et randonnez
l'esprit libre
Pour mieux connaître la fédération, les adresses des associations de votre département, pour tout savoir sur l'actualité de la randonnée, pour adhérer ou découvrir la collection des topo-guides.
Tout sur
www.ffrandonnee.fr
FFRandonnée
Création : Sarbacane Design

Les 15 étapes du sentier GR® 20

Etape **n° 1** : de **Calinzana** à **Ortu di u Piobbu** :	aller : 6 h 30	retour : 5 h	*pp. 30 à 33*
Etape **n° 2** : d'**Ortu di u Piobbu** à **Carrozzu** :	aller : 7 h	retour : 5 h	*pp. 36 à 37*
Etape **n° 3** : de **Carrozzu** à **Ascu Stagnu** :	aller : 6 h 10	retour : 4 h 45	*pp. 40 à 41*
Etape **n° 4** : d' **Ascu Stagnu** à **Tighjettu** :	aller : 6 h	retour : 6 h	*pp. 42 à 43*
Etape **n° 5** : de **Tighjettu** à **Ciottulu à i Mori** :	aller : 4 h	retour : 4 h	*pp. 46 à 47*
Etape **n° 6** : de **Ciottulu à i Mori** à **Manganu** :	aller : 8 h	retour : 8 h	*pp. 48 à 57*
Etape **n° 7** : de **Manganu** à **Petra Piana** :	aller : 6 h 30	retour : 6 h	*pp. 62 à 65*
Etape **n° 8** : de **Petra Piana** à **L'Onda** :	aller : 4 h 50	retour : 5 h 15	*pp. 68 à 71*
Etape **n° 9** : de **L'Onda** à **Vizzavona** :	aller : 6 h 05	retour : 6 h 40	*pp. 72 à 75*
Etape **n° 10** : de **Vizzavona** à **E Capanelle** :	aller : 5 h 15	retour : 4 h 50	*pp. 76 à 81*
Etape **n° 11** : de **E Capanelle** à **Prati** :	aller : 6 h 10	retour : 6 h	*pp. 82 à 85*
Etape **n° 12** : de **Prati** à **Usciolu** :	aller : 5 h 45	retour : 6 h 30	*pp. 88 à 91*
Etape **n° 13** : d'**Usciolu** à **Asinau** :	aller : 8 h	retour : 8 h 30	*pp. 94 à 101*
Etape **n° 14** : d'**Asinau** à **I Paliri** :	aller : 7 h	retour : 7 h 20	*pp. 104 à 107*
Etape **n° 15** : d'**I Paliri** à **Conca** :	aller : 5 h	retour : 6 h 15	*pp. 108 à 111*

Avant de partir...

Période conseillée, météo, recommandations

• Le sentier GR® 20 doit-il être considéré comme le plus difficile des sentiers GR® français ? Ce qui est certain, c'est que le randonneur doit l'aborder comme un itinéraire à caractère alpin accusé. Il nécessite donc une très bonne condition physique. En effet, le parcours se déroule en partie à des altitudes supérieures à 2000 m avec des dénivelés à la montée souvent supérieurs à 600 m par étape.

Dans sa partie Nord en particulier, le sentier GR® 20 franchit les massifs du Cintu et du Rotondu par une suite de passages rocheux qui peuvent impressionner les randonneurs non aguerris : les principaux passages délicats qui ont dû être aménagés par l'installation d'équipement de sécurités (câbles) demandent une attention particulière par temps humide ou après la pluie, certaines dalles rocheuses devenant très glissantes.
D'une manière générale, il convient de ne pas sous-estimer les dangers relatifs aux conditions météorologiques, même en période estivale : possibilité d'orages violents et imprévisibles occasionnellement des crues brutales, amplitudes thermiques assez marquées.

Le Parc naturel régional de Corse

Un territoire au patrimoine naturel culturel riche et original

Le PNRC, territoire classé pour la première fois en 1972, et à nouveau classé pour 10 ans en juin 1999, recouvre aujourd'hui près des deux tiers de l'île avec une superficie de 350 510 hectares pour environ 26 700 habitants.
Institutionnalisé sous la forme d'un syndicat mixte, il associe la collectivité territoriale de Corse, les conseils généraux de Corse-du-Sud et de Haute-Corse et les 145 communes de son territoire.
À cheval sur la grande dorsale montagneuse qui prend l'île en écharpe du Nord-Ouest au Sud-Est et qui culmine au Monte Cintu (2706 m), le Parc de Corse est avant tout un parc rural, villageois et montagnard, même s'il comprend aussi des façades maritimes avec les côtes occidentales grandioses et sauvages du golfe de Porto-Girolata et un échantillon des étangs lagunaires du littoral oriental. Son vaste territoire englobe les plus hauts sommets de l'île et une multitude de vallées compartimentées formant des micro-régions, anciennement appelées Pieve.

Ses missions

Ce parc, aux ressources naturelles et culturelles riches et menacées, fait l'objet d'un projet de développement qui a pour objectif :
- de préserver un patrimoine naturel, culturel et paysager de grande qualité, gage d'un développement durable,
- de revitaliser l'espace rural dans ses fonctions sociales, culturelles, économiques et environnementales,
- d'assurer l'accueil, l'éducation et l'information des publics.

www.parc-naturel-corse.com

Parc naturel régional de Corse
Parcu di Corsica

Maison d'information du Parc naturel régional

2, rue Sergent Casalonga - BP 417
20184 AJACCIO CEDEX 1

tél. 04 95 51 79 10 / 00
fax 04 95 21 88 17
e-mail : infos@parc-naturel-corse.com

Ne pas oublier le vent dont le pouvoir de refroidissement est bien connu des randonneurs.

Le sentier GR® 20 est un itinéraire d'été, praticable normalement de juin à fin octobre ; en début de saison cependant, on peut avoir à traverser un couloir enneigé ou un névé tardif : un piolet et une corde légère seront utiles.

• Avant de partir, il est vivement recommandé de prendre connaissance des prévisions météorologiques. Suivez aussi les conseils de ceux qui vous hébergent et qui connaissent bien leur région.
Répondeur Météo-France : 32 50
Météo Montagne : 08 92 68 02 20

• Le nombre de randonneurs qui viennent découvrir le sentier GR® 20 augmente chaque année. Mais la montagne est fragile et le randonneur se doit de respecter ce patrimoine naturel et humain.

Attention au feu ! Les précautions les plus extrêmes sont de rigueur. En période de grande sécheresse ou de vent fort, certaines étapes du GR, situées dans le maquis ou en forêt doivent être abordées avec la plus grande prudence, en raison des incendies.

Non aux détritus ! Ne les abandonnez pas sur place. Faites l'effort de les déposer aux endroits prévus à cet effet, notamment près des refuges équipés d'incinérateurs. Et si les bergeries sont quelques fois l'occasion d'une halte méritée ou d'un ravitaillement, elles ne sont en aucun cas équipées pour traiter les déchets de toutes sortes.

Attention ! vous ne trouverez pas de distributeurs de billets sur le parcours, ni dans les villages.

Les chiens sont admis sur tout le territoire du Parc, mais n'ont pas accès aux refuges. Ils doivent être tenus en laisse à l'abord des bergeries et des troupeaux.

Photographiez les fleurs, mais ne les cueillez pas ! Tel est l'un des derniers messages laissés par Marcelle Conrad, botaniste corse de renommée internationale, qui consacra toute sa vie à la connaissance et à la protection de la flore corse. Elle disait : " Même à très haute altitude, la Corse est beaucoup moins fleurie qu'il y a cinquante ans. Mais hélas, je vois chaque année de lamentables bouquets fanés ramenés sur les sacs à dos. On les jette en arrivant à basse altitude. " Cent soixante-dix espèces sont d'ailleurs protégées par la loi.

Le camping et le bivouac sont interdits tout au long et de parts et d'autre du sentier, sauf aux abords des refuges où des aires de bivouac ont été aménagées. Par ailleurs, tout au long du sentier GR® 20, des agents du Parc ont en charge la gestion de l'itinéraire. Ils sont là pour informer, secourir, mais ils sont aussi assermentés et donc habilités à constater les infractions liées à la protection de l'environnement.

L'accompagnement de groupes de mineurs dans le cadre de randonnées alpines est réglementé (arrêté du 17 septembre 1981).
Réglementation générale : SEPVEN, 13, rue du Four, 75006 Paris.
Réglementation locale : Directions départementales Jeunesse et Sports. Suite à un accord local, les Guides du Parc sont autorisés à intervenir auprès des groupes de jeunes afin de contrôler les conditions dans lesquelles s'exerce l'accompagnement.

Les temps de marche

Les temps de marche indiqués dans les topo-guides des sentiers de Grande Randonnée® sont indicatifs. Ils correspondent à une marche effective d'un marcheur moyen.
Attention ! Les pauses et les arrêts ne sont pas comptés.

Le rythme de marche est calculé sur la base de 300 m de montée et 400 à 500 m de descente à l'heure.
Chacun adaptera son rythme de marche selon sa forme physique, la météo, le poids du sac à dos, etc.

Modifications d'itinéraires

Depuis l'édition de ce topo-guide, les itinéraires décrits ont peut-être subi des modifications rendues nécessaires par l'exploitation agricole ou forestière, le remembrement, les travaux routiers, etc. Il faut alors suivre le nouvel itinéraire balisé.

Ces modifications, quand elles ont une certaine importance, sont disponibles auprès du Centre d'information de la Fédération Française de la Randonnée Pédestre (voir «Adresses utiles») ou sur le site www.ffrandonnee.fr, à la rubrique « Les topo-guides / Les mises à jour ».

Les renseignements fournis dans ce topo-guide, exacts au moment de l'édition de l'ouvrage, ainsi que les balisages n'ont qu'une valeur indicative et n'engagent en aucune manière la responsabilité de la Fédération Française de la Randonnée Pédestre.

Ils n'ont pour objet que de permettre au randonneur de trouver plus aisément son chemin et de suggérer un itinéraire intéressant.
C'est au randonneur d'apprécier si ses capacités physiques et les conditions du moment (intempéries, état du sol...) lui permettent d'entreprendre la randonnée, et de prendre les précautions correspondant aux circonstances.

Assurances

Le randonneur parcourt l'itinéraire décrit, qui utilise le plus souvent des voies publiques, sous sa propre responsabilité. Il reste seul responsable, non seulement des accidents dont il pourrait être victime, mais aussi des dommages qu'il pourrait causer à autrui tels que feux de forêts, pollutions, dégradations, etc.

Certains itinéraires utilisent des voies privées : le passage n'a été autorisé par le propriétaire que pour la randonnée pédestre.

Le randonneur a intérêt à être bien assuré. La Fédération Française de la Randonnée Pédestre et ses associations délivrent une licence ou une *Rando carte* incluant une assurance adaptée.

S'équiper et s'alimenter pendant la randonnée

S'équiper

L'équipement minimum conseillé est le suivant : chaussures trekking de bonne qualité, sac à dos 60 L, sac de couchage en duvet, sursac étanche, vêtements de pluie, short et survêtement, pull, chapeau, lunettes de soleil, crème solaire, couverture de survie, gourde, lampe électrique, couteau, vêtements de rechange, trousse de secours.
Enfin, certaines variantes du sentier GR® 20 nécessitent un équipement adapté (corde, crampons, piolet) du fait de la présence de névés tardifs.
Un dernier conseil : gérez bien le poids de votre sac !

S'alimenter pendant la randonnée

En raison du nombre assez restreint de points de ravitaillement et de la forte dépense d'énergie, il est nécessaire d'avoir une réserve de « vivres de course » : substances énergétiques (barres de céréales,fruits secs, liquides contenant des sucres à digestion rapide...) et aliments lyophilisés.

Pensez aussi à boire abondamment, mais attention à ne pas prendre n'importe quelle eau en milieu naturel. Munissez-vous dans ce cas de pastilles purificatrices.

Toponymie

La toponymie officielle est fondée sur le travail des géomètres du plan Terrier (fin 18e siècle) et utilise l'orthographe italienne qui était celle de la langue écrite de l'époque : il s'ensuit des différences, parfois importantes, entre la toponymie officielle (donc celui des cartes IGN) et le nom utilisé par les habitants du lieu.
Dans la description des itinéraires de ce topo-guide, les noms de lieux sont écrits en corse, car ils sont la transcription de la forme orale utilisée par les habitants, respectant ainsi les particularités linguistiques micro-régionales. S'il y a une trop grande différence avec la cartographie, l'orthographe utilisée par l'IGN est précisée entre parenthèses.

Petit lexique du randonneur

Bocca ou *foce* : col
Capu, cima, monte, punta : mont, sommet, pointe
Furesta, valdu : forêt, bois
Lavu : lac
Pianu : plateau

Se rendre et se déplacer en Corse

Se rendre en Corse

• Liaisons aériennes à partir des principales villes françaises. *Transporteurs :* Airs France, Air Inter, Compagnie Corse Méditerranée, Nouvelles Frontières (dans toutes les agences de voyages).
Villes desservies : Ajaccio, Bastia, Calvi, Figari (à proximité de Porto-Vecchio).
• Liaisons maritimes à partir de Nice, Toulon et Marseille, également au départ d'Italie et de Sardaigne.
• *Transporteurs maritimes en France :* SNCM. Renseignements et réservations :
- Marseille : tél. 04 91 56 30 30.
- Toulon : tél. 04 94 16 66 66.
- Nice : tél. 04 93 13 66 99.
- Paris : tél. 01 49 24 24 24.
- Lyon : tél. 04 72 41 61 41.
- Toulouse : tél. 05 61 62 15 53.
- Bordeaux : tél. 05 56 44 46 07.

Ports desservis : Ajaccio, Bastia, Calvi, Ile Rousse, Propriano et Porto-Vecchio.
Transporteurs maritimes en Italie et Sardaigne : Corsica Ferries, Corsica Marittima et Navarma (C.M.N.), Moby-Lines.
Ports desservis : Ajaccio, Bastia, Porto-Vecchio, Bonifacio.
Transports, horaires et tarifs sur 3615 CORSE INFO.

Corsica Ferries : départ Toulon, Ajaccio, Bastia, tél. 04 95 32 95 95.

Une fois sur place

SNCF

• Lignes Ajaccio - Vizzavona - Bastia et Ajaccio - Calvi : gare d'Ajaccio, tél. 04 95 23 11 03.

• Ligne Bastia - Calvi : gare de Bastia, BP 170, 1, place de la Gare, 20294 Bastia, tél. 04 95 32 80 61 ou gare de 20260 Calvi, tél. 04 95 65 00 61.
Les lignes Ajaccio-Vizzavona-Bastia et Bastia-Calvi sont quotidiennes.

Autocars

Gare routière d'Ajaccio : 04 95 51 55 45.

• Bastia - Calvi : quotidien du 1er juillet au 15 septembre, sauf dimanche et jours fériés le reste de l'année ; Ollandini, tél. 04 95 32 22 05 ou 04 95 65 06 74.

• Ajaccio - Calvi : quotidien du 1er juillet au 15 septembre, sauf samedi, dimanche et jours fériés le reste de l'année ; Ollandini, tél. 04 95 21 06 30 ou 04 95 21 14 08.

• Calvi - Calinzana : A partir du 30 juin : 2 dessertes par jour sauf dimanches et jours fériés, départ de Calvi : 14 h 30 et 19 h, et départ de Calinzana : 15 h et 19 h 30. Pour les horaires d'hiver, contactez Les Beaux Voyages, tél. 04 95 65 11 35 ou 04 95 65 15 02.

• Ascu Village : voiture postale 6 places pour Ponte-Leccia (correspondance SNCF et autocars pour Calvi), quotidienne, sauf dimanche et jours fériés, tél. 04 95 47 81 00.

• Albertacce (5 km de Calacuccia) : ligne Bastia - Calacuccia, mardi, jeudi, samedi ; Mordiconi, tél. 04 95 48 00 04.

• Verghju : ligne Calacuccia - Evisa - Porto, tous les jours, sauf dimanches et jours fériés du 1er juillet au 20 septembre.

• Corte : lignes Ajaccio - Corte et Bastia - Corte, 2 services par jour, sauf dimanche et fêtes, quotidien du 15 juin au 15 septembre ; Ollandini, tél. 04 95 21 14 08 ou 04 95 32 22 05.

• Vizzavona : ligne Ajaccio - Bastia, 2 allers-retours par jour, du 1er juillet au 15 septembre, sauf dimanche et fêtes le reste de l'année ; Eurocorse Voyages, tél. 04 95 21 06 30 ou 04 95 31 03 79.

• Cozzano et Zicavu : ligne Ajaccio - Cozzano - Palneca, quotidien sauf dimanche et jours fériés ; Santoni, tél. 04 95 24 51 56 ou 04 95 20 79 95.

• Quenza : ligne Ajaccio - Porto-Vecchio, quotidien du 1er juillet au 31 août, lundi et vendredi le reste de l'année ; Balesi, tél. 04 95 70 15 55 ou 04 95 51 25 26.

• Bavedda : ligne Bavedda - Ajaccio, 2 allers-retours par jour du 1er juillet au 15 septembre, navette quotidienne sauf dimanche et fêtes le reste de l'année ; Ricci, tél. 04 95 51 08 19 ou 04 95 76 25 59.

• Ligne Ajaccio - Porto-Vecchio, quotidien en période estivale ; Balesi, tél. 04 95 70 15 55.

• Conca (situé à 6 km de Porto-Vecchio) : ligne Bastia - Sainte-Lucie - Porto-Vecchio, quotidien sauf dimanche et fêtes, du 15 juin au 15 septembre ; Les Rapides Bleus, tél. 04 95 70 10 36. Ligne Ajaccio - Propriano - Porto-Vecchio, quotidien du 15 juin au 15 septembre, sauf dimanche et fêtes le reste de l'année.

Taxis

• Calvi (20260) : place de la Porteuse d'Eau, tél. 04 95 65 03 10.

• Calinzana (20214) : voir Calvi ou s'adresser à J.P. Biancardini, tél. 04 95 62 77 80.

• Bonifatu : voir Calvi.

• Corsica (20224) : G. Doublet, tél. 04 95 48 02 12.

• Corte : D. Biancardini, 1, faubourg Sacaravaghie, 20250, tél. 04 95 46 06 16 ; M. Salviani, 3, rue Saint-Antoine, 20150, tél. 04 95 46 04 88.

• Verghju : tous les jours sauf le dimanche et jours fériés, du 1/07 au 20/09.

• Vivario (20219) : taxi Alain, tél. 04 95 47 23 17.

• Zonza (20124) : A. Perez, tél. 04 95 78 66 16.

• Conca : station cours Napoléon, place de la République, 20137 Porto-Vecchio, tél. 04 95 70 08 49 ; A. Bradesi, hameau Cavu, 20144 Sainte-Lucie-de-Portovecchio, tél. 04 95 71 42 50.

Gares maritimes

• Calvi (20260) : SNCM, port de Calvi, tél. 04 95 65 17 77.

• Bastia (20200) : SNCM, nouveau port, tél. 04 95 31 55 41 et 04 95 54 66 99.

• Ajaccio (20000) : SNCM, quai L'Herminier, tél. 04 95 29 66 99.

• Ile Rousse (20220), tél. 04 95 60 11 30.

• Propriano (20110), tél. 04 95 76 20 34.

• Porto-Vecchio (20137), tél. 04 95 70 49 49.

Aéroports

• Calvi (20260) : Sainte-Catherine, tél. 04 95 65 20 09.

• Bastia (20200) : 6, avenue E.-Sari, tél. 04 95 31 99 31 ou 04 95 32 10 29.

• Ajaccio (20000) : 19, cours Napoléon, tél. 04 95 21 00 61. Aéroport Campo dell'Oro, tél. 04 95 21 63 06.

• Figari (20114) : tél. 04 95 71 00 22.

Hébergements, restauration, services

Les refuges du Parc naturel régional de Corse (signalés par le sigle PNRC), destinés à l'accueil des randonneurs de passage (non en séjour), sont ouverts toute l'année, mais ne sont gardés que de juin à octobre. Il n'existe pas de système de réservation, l'occupation se faisant selon la règle des premiers arrivants.

D'une manière générale, on y trouve les aménagements suivants :
- Une salle commune équipée (table, bancs, réchaud à gaz, ustensiles de cuisine, vaisselle, cheminée ou poêle pour utilisation l'hiver uniquement).
- Un dortoir équipé de bat-flanc avec matelas, couvertures non fournies.
- Point d'eau potable, W.-C et douches à l'extérieur.
-Système de sécurité radio.
Certains refuges assurent du petit ravitaillement de produits locaux.

Prix de la nuitée en refuge : 9 euros par personne.
Prix de la nuitée en aire de bivouac (abords des refuges) : 3,5 euros par personne.

Liste des hébergements

Pour faciliter la lecture, les hébergements sont cités dans l'ordre du parcours.

• Calvi (20260)
- *BVJ Corsotel* (auberge de jeunesse), 39 chambres, avenue de la République, tél. 04 95 65 14 15.
- Hôtels et campings : s'adresser à l'Office du tourisme.

• Calinzana (20214)
- Gîte d'étape, 30 places, avec aire de camping, ouvert d'avril à octobre, tél. 04 95 62 77 13 ou 04 95 62 70 08.
- Hôtels : s'adresser à l'OT de Calvi.

• Pioggiola (20259)
- Hôtel-restaurant *A tramula*, tél. 04 95 61 93 54.

• Ortu di u Piobbu
- Refuge 30 places (PNRC).

• Bonifatu (20214 Calinzana)
- *Auberge de la forêt*, 5 chambres.
- Gîte d'étape, 22 places (dortoir), Mme Baron, tél. 04 95 65 09 98, ouvert d'avril à octobre.

• Carozzu
- Refuge 24 lits (PNRC).

• Haut Asco (Ascu Stagnu) (20276)
- Refuge 32 places (PNRC).
- Hôtel-restaurant *Le Chalet*, 25 places, ouvert de mai à septembre, M. Guerini, tél. 04 95 47 85 84 ou 04 95 47 81 08.

• Asco-village (20276)
- Chambres d'hôte, M. Vesperini, tél. 04 95 47 83 53.
- Centre communal, 60 places, tél. 04 95 47 82 07.

• Tighjettu
- Refuge 39 places (PNRC).

• Albertacce (20224)
- Gîte d'étape, 24 places, M. Albertini, tél. 04 95 48 05 60.

• Ciottulu di i Mori
- Refuge 24 places (PNRC).

• Verghju (20224 Albertacce)
- Hôtel *Castel di Vergio*, 39 chambres, M.Lucciani, tél. 04 95 48 00 01.
- Gîte d'étape, bivouac aménagé, petit ravitaillement, ouvert d'avril à octobre, tél. 04 95 48 10 55.

• Evisa (20126)
- Gîte 20 pl., M. Ceccaldi, tél. 04 95 26 21 88.
- Camping, tél. 04 95 26 23 01.
- Hôtels.

• Manganu
- Refuge 31 places (PNRC)

• Soccia (20125)
- Hôtel *U Paese*, 22 chambres, ouvert toute l'année, M. Battitelli, tél. 04 95 28 31 92.

• Corte (20250)
- Gîte d'étape, 16 places, aire de bivouac, M. Gambini, tél. 04 95 46 16 85.
- Hôtels et campings, s'adresser au SI.

• Petra Piana (ou Fabrikant)
- Refuge 28 places (PNRC).

• Guagno (20135)
- Gîte d'étape, 28 places, Mme Mariani, tél. 04 95 28 33 47.

• Onda
- Refuge 12 places (PNRC).

• Tattone (20219 Vivario)
- Hébergement randonneurs, lieu-dit Savaggiu, 20 places, camping, M. Filippi, tél. 04 95 47 22 14.

• Pastricciola (20121)
- Gîte d'étape 20 places, restauration sur commande, M. Leca, tél. 04 95 28 91 60 ou 04 95 28 93 06.

• Foce di Vizzavona (col de Vizzavona)
- Hôtel-restaurant *Monte d'Oro*, 40 chambres, M. Sicurani, tél. 04 95 47 21 06, ouvert du 15 mars au 30 octobre.
- Gîte d'étape, *Monté d'Oro*, tél. 04 95 47 25 27.

• Vizzavona Village (20219 Vivario)
- Hôtel-restaurant *I Laricci*, 12 chambres et dotrtoir 12 places, ouvert du 1/5 au 1/10, M. Roure, tél. 04 95 47 21 12.
- Gîte d'étape *Refuge du GR 20*, 32 places, restauration, ravitaillement, réservation, M. Pinelli, tél. 04 95 47 22 20.
- Café de la gare *Restaurant du chef de gare*, tél. 04 95 47 24 41.

• E Capanelle (20227 Ghisoni)
- Refuge *U Renosu,* dortoir, restaurant, tél. 06 33 35 25 02, fax 04 95 46 07 90.
- Hébergement randonneurs, 62 places + chalet, tél. 04 95 57 01 81. Restauration, ravitaillement, bivouac autorisé, ouvert de mai à fin septembre, tél. 04 95 56 39 34

• Ghisoni (20227)
- Hôtel-restaurant *Le Kyrie*, 27 chambres, tél. 04 95 57 60 33, ouvert de mai à fin septembre. Camping.

• Bocca di Verdi (ou col de Verde)
- *Relais San Petru di Verde*, 2 refuges (privés), 18 places et un de 8 places. Bivouac aménagé, restauration, ravitaillement, ouvert de mi-mai à mi-octobre, tél. 04 95 24 46 82.

• Prati
- Refuge 28 places (PNRC).

• Usciolu
- Refuge 29 places (PNRC).

• Catastaghju (20240 Ghisonaccia)
- Gîte d'étape, 25 places, Mme Paoli, tél. 04 95 56 70 14 ou 95 56 10 89, ouvert du 15 avril au 15 octobre.

• Cozzano (20148)
- Gîte d'étape, 36 places, M. Pantalacci, tél. 04 95 24 41 59.
- Auberge *A Filetta*, 6 chambres.

• Zicavo (20132)
- Centre-école Le Relais de l'Incudine, mairie, tél. 04 95 24 40 05.
- Ferme-auberge, 5 chambres, M. Bucchini, tél. 04 95 24 41 28.
- Hôtel-restaurant *Le Florida*, 7 chambres, M. Bucchini, tél. 04 95 24 43 11.
- Hôtel-restaurant du Tourisme, 15 chambres, M. Scaglia, tél. 04 95 24 40 06.
- *U Paradisu*, gîtes d'étape et rural, chambres d'hôtes, bivouac, restauration, ouvert toute l'année, Mme Pirany, tél. 04 95 24 41 20.

• Asinau
- Refuge 29 places (PNRC).

• Quenza (20122)
- Centre de Montagne et de loisirs, gîte d'étape, 40 places, camping, *I Muntagnoli*, tél. 04 95 78 64 05.
- Hôtel-resaurant *Sole i Monti*, 12 chambres, M. Balesi, tél. 04 95 78 62 53.

• Col de Bavella (20124 Zonza)
- Gîte d'étape, *Auberge de Bavella*, 24 places, ouvert du 1er avril au début novembre, M. Grimaldi, tél. 04 95 72 09 87.
- Gîte *Les Aiguilles*, 18 places, M. Manarini, tél. 04 95 72 01 88.

• I Paliri
- Refuge 20 places (PNRC).

• Sarri di Solenzara (20145)
- Hôtel *Maquis et Mer,* tél. 04 95 57 42 37.
- Hôtel-restaurant *La Caravelle,* tél. 04 95 57 46 27
- Hôtel-restaurant *Mare e Feste,* tél. 04 95 57 42 91

• Conca (20135)
- Hôtel *San Pasquale*, 6 chambres, tél. 04 95 71 56 13 ou 04 95 71 42 10, ouvert de mai à octobre.
- Gîte d'étape, 30 places, camping, M. Termignon, tél. 04 95 71 46 55, ouvert toute l'année.

Mise à jour permanente sur www.gites-refuges.com, le site des hébergements pour toutes les randonnées, issu du guide Gîtes d'étapes et Refuges (A. et S. Mouraret).

Malgré nos vérifications, des oublis ou erreurs ont pu se glisser, notamment dans la liste d'hébergements. Des établissements ont pu s'ouvrir, d'autres fermer, des numéros de téléphone changer, depuis l'édition de ce topo-guide. Merci de nous le signaler ; nous en tiendrons compte dans la prochaine édition.

► Les 15 étapes du sentier GR® 20 se font, en altitude, de refuges en refuges. Vous avez toutefois la possibilité, à certains endroits, de descendre dans les vallées au moyen de liaisons balisées. Si vous choisissez cette option, il vous suffit d'ajouter aux temps de la colonne de gauche, celui figurant entre parenthèses.

Temps de marche	LOCALITÉS / RESSOURCES	Pages	Refuge du Parc	Gîte d'étape	Hôtel	Camping	Ravitaillement	Restaurant	Car	Gare	Médecin
	CALINZANA GR® 20	31		•	•	•	•	•	•		•
6.30	ORTU DI U PIOBBU	33	•			•					
0	► BONIFATU (à 2 h 30 par liaison)	35		•	•		•	•			
7	CARROZZU	37	•			•	•				
6.10	ASCU STAGNU	41	•		•	•	•	•			
6	TIGHJETTU	43	•			•					
4	CIOTTULU À I MORI	47	•			•	•				
1.50	► EVISA (à 3 h par liaison)	51		•	•	•	•	•	•		
0	► ALBERTACCE (à 4 h par liaison)	51		•			•	•	•		•
0.30	CASTEL DE VERGIO	51		•	•	•	•	•			
4.55	► A SEGA (à 3 h 30 par liaison)	59	•								
0	► CORTE (à 7 h 30 par liaison)	59		•	•	•	•	•	•	•	•
0.45	MANGANU	57	•			•	•				
0	► SOCCIA (à 2 h 30 par liaison)	61		•	•		•	•			
6.30	PETRA PIANA	65	•			•					
0	► GAGNU (à 3 h 30 par liaison)	67		•			•	•	•		
3	► TATTONE (à 4 h par liaison)	69			•	•	•	•	•	•	•
1.50	ONDA	69	•			•	•				
5.05	FOCE DI VIZZAVONA (à 30 mn par variante)	75		•	•						
1	VIZZAVONA	75		•	•	•	•	•	•	•	
3.45	► GHISONI (à 1 h 45 par liaison)	79			•	•	•	•			
1.30	E CAPANELLE	81	•	•		•	•	•			
4.20	BOCCA DI VERDE	85		•		•	•	•			
1.50	PRATI	85	•			•	•				
0	► ISULACCIU DI FIUMORBU (à 2 h 45 par liaison)	87		•				•			
3	► CATASTAGHJU (à 3 h 30 par liaison)	91		•				•			
0	► COZZANO (à 2 h 30 par liaison)	91		•		•	•	•	•		•
2.45	USCIOLU	91	•			•	•				
0	► COZZANO (à 2 h 30 par liaison)	93		•		•	•	•	•		•
2.30	► ZICAVU (à 2 h par 1ère liaison)	97		•	•	•	•	•	•		•
1	► ZICAVU (à 2 h 45 par 2nde liaison)	97		•	•	•	•	•	•		•
4.30	ASINAU	101	•			•	•				
0	► QUENZA (à 3 h 30 par liaison)	103		•	•	•	•	•	•		
5.20	FOCE DI BAVEDDA	105		•			•	•			
1.40	I PALIRI	107	•			•					
0	► SARI DI SOLENZARA (à 4 h)	111			•		•		•		
5	CONCA	111		•	•	•	•	•	•		•

Refuge du Parc — Hôtel — Ravitaillement, Petit ravitaillement, Epicerie ambulante — Restaurant — Gare
Gîte d'étape — Camping Bivouac aménagé — Car — Médecin

Adresses utiles

Randonnée et tourisme

• Centre d'information de la Fédération, 64, rue du Dessous-des-Berges, 75013 Paris, tél. 01 44 89 93 93, fax 01 40 35 85 67, e-mail : info@ffrandonnee.fr, site internet : www.ffrandonnee.fr
• Parc naturel régional de Corse, BP 417, 20184 Ajaccio cedex 1, tél. 04 95 51 79 10 / 00, fax 04 95 21 88 17, e-mail : infos@parc-naturel-corse.com, site internet : www.parc-naturel-corse.com
• Maison du GR® 20 : gîte d'étape de Calinzana, tél. 04 95 62 87 78, ouverte de mai à octobre.
Autres points d'information, ouverts de juin à septembre :
- Moltifao, tél. 04 95 47 85 03.
- Corte, tél. 04 95 46 27 44.
- Porto : 04 95 26 73 04.
• Agence de tourisme de Corse, 17, boulevard Roi-Jérôme, 20000 Ajaccio, tél. 04 95 51 77 77.
• Maison du GR® 20 : Pianiccia, 20135 Conca, tél. 04 95 27 03 36, ouverte de mai à septembre.
• Directions départementales Jeunesse et Sports
- Corse du Sud : résidence Napoléon, 20000 Ajaccio, tél. 04 95 29 67 67.
- Haute-Corse : terrasses de Funtanone, 20200 Bastia, tél. 04 95 31 36 08.
• Offices de tourisme et Syndicats d'initiative
- Calvi (20260) : port de Plaisance, tél. 04 95 65 16 67 (ouvert toute l'année).
- Corte (20250) : la Citadelle, tél. 04 95 46 01 59.
- Ajaccio (20176 Ajaccio Cedex) : place Foch, BP 21, tél. 04 95 21 40 87 et 04 95 21 53 39.

Accompagnateurs en montagne

• A Montagnola, tél. 04 95 78 65 19.
• Association *A part*, tél. 04 95 27 03 31.
• Couleur corse, tél. 04 95 10 52 83.
• Muntagne corse in Liberta, tél. 04 95 20 53 14.
• Objectif nature, tél. 04 95 32 54 34 / 06 03 58 66 09.
• Association d'animations sportives et culturelles du Niolu, tél. 04 95 48 05 22.
• Compagnie régionale des guides et accompagnateurs en montagne de Corse, tél. 04 95 48 10 43 / 04 95 48 05 22.
• Cors'aventure, tél. 04 95 25 91 19.
• Corsica treck, tél. 04 95 26 21 21 / 04 95 26 82 02.
• Tra i monti, tél. 04 95 74 66 90 / 06 81 51 41 28.
• In terra corsica, tél. 04 95 47 69 48.
• Corse Odyssée, tél. 04 95 78 64 05.
• Altore, tél. 04 95 37 19 30.
• Corsica madness, tél. 04 95 78 61 76.

Secours en montagne

• Les secours sont bien structurés en Corse. En cas d'accident grave, composer le 17 (Gendarmerie) ou le 18 (Pompiers).
Dans des cas très sérieux et/ou dans l'impossibilité de joindre les organismes ci-dessus, appeler les centres de secours :
Haute-Corse, tél. 04 95 30 36 32.
Corse du Sud, tél. 04 95 29 18 18.
En cas d'accident, placer, si possible, la victime dans un endroit dégagé où l'équipe d'intervention pourra la repérer facilement et où l'hélicoptère pourra accéder sans problème. Signaler avec exactitude la position de la victime et, à partir de là, ne plus la déplacer.

Services de soins d'urgence

• Calvi : pharmacies, tél. 04 95 65 08 54 et 04 95 65 00 24. Médecins, tél. 04 95 65 20 06, 04 95 65 03 20, 04 95 65 03 46 et 04 95 65 02 29.
• Calinzana : gendarmerie, tél. 04 95 62 70 17. Médecin, tél. 04 95 62 75 56. Pharmacie, tél. 04 95 62 79 39.

• Asco : pompiers, tél. 04 95 47 61 17. Gendarmerie, tél. 04 95 47 83 68. Médecins à Ponte-Leccia, tél. 04 95 47 65 61 et 04 95 47 61 27.

• Albertacce : pompiers, tél. 04 95 48 00 21. Gendarmerie, tél. 04 95 48 00 15. Médecins à Calacuccia, tél. 04 95 48 00 04 03 et 95 48 00 13.

• Evisa : gendarmerie, tél. 04 95 26 20 17. Médecin à Porto, tél. 04 95 26 13 75.

• Soccia : médecins à Vico, tél. 04 95 26 60 32, 04 95 26 60 63 et 04 95 26 65 40.

• Corte : gendarmerie, tél. 04 95 46 04 81. Pharmacies, tél. 04 95 46 08 12, 04 95 46 00 02 et 04 95 46 08 95. Médecins, tél. 04 95 46 01 58, 04 95 46 16 11 et 04 95 46 06 93.

• Guagnu : médecins (voir Soccia).

• Tattone : sanatorium départemental (soins médicaux de première urgence), tél. 04 95 47 20 99.

• Vizzavona : pompiers, tél. 04 95 47 20 05. Gendarmerie, tél. 04 95 47 00 17.

• Ghisoni : gendarmerie, tél. 04 95 57 61 17. Pompiers, tél. 04 95 57 61 28. Médecin, tél. 04 95 57 60 99.

• Cozzano : gendarmerie, tél. 04 95 24 40 17. Pharmacie, tél. 04 95 24 40 40. Médecins (voir Zicavo).

• Zicavo : gendarmerie, tél. 04 95 24 45 17. Pompiers, tél. 04 54 45 18. Cabinet médical, tél. 04 95 24 44 46.

• Quenza : médecin à Levie, tél. 04 95 78 40 60 et 04 95 78 43 07.

• Conca : gendarmerie, tél. 04 95 57 40 17. Médecins à Porto-Vecchio, tél. 04 95 70 13 99, 04 95 70 08 93, 04 95 70 27 75 et 04 95 70 38 36. Pompiers, tél. 04 95 72 08 00.

Durant les périodes de gardiennage, tous les refuges du Parc naturel régional sont équipés de radios pour les secours en montagne et la sécurité.

Réalisation

Ont contribué à la mise à jour de cette œuvre collective :
- descriptif de l'itinéraire (PNRC) : Gérard Le Van avec la participation de Jacky Zucarelli, Dominique Grazziani, Jean-Baptiste Maestracci, Jean-François et Jean-Paul Quilicci, François Achilli, Joseph Sanroma, Jean-Paul Rocca Sera.
- articles thématiques (PNRC) : Livia Santoni (p. 10), Jacques Léoni (p. 22), Hervé Cortéggiani (p. 24 et 25, 53 et 69), Jean-Claude Thibault (p. 26 et 27, 28 et 29, 35, 71), Michel Zanetacci (p. 31), Marie-Hélène Parodin (p. 39, 59, 63 et 73), José Mortini (p. 45), François Arrighi (p. 55), Muriel Arrighi (p. 67 et 91) et Santa Minchelli (p. 111). Et l'aimable participation de Maria Benvenuti-Navari (p. 109) et François Ottavi (p. 61).
- photographies : Pascal Leygoutte, Marie-France Hélaers, PNRC.
- dessins : Nathalie Locoste (flore) et Pascal Robin (faune).
- le service des Éditions de la Fédération Française de la Randonnée Pédestre.

Montage du projet, direction des collections et des éditions : Dominique Gengembre (Fédération).
Responsable production éditoriale : Isabelle Lethiec
Assistant de développement : Patrice Souc.
Coordination générale : José Filippi (PNRC).
Responsable rédaction : Gérard Le Van (PNRC).
Coordination rédaction : Muriel Arrighi (PNRC).
Secrétariat d'édition : Philippe Lambert et Marie Fourmaux (Fédération).
Recherche documentaire : Livia Santoni (PNRC).
Cartographie : Olivier Cariot et Frédéric

Luc (Fédération).
Mise en page et suivi de la fabrication : Jérôme Bazin, Céline Lépine, Elodie Gesnel.
Lecture et corrections : Brigitte Bourrelier, André Gacougnolle, Elisabeth Gerson, Marie-France Hélaers, Anne-Marie Minvielle, Hélène Pagot, Gérard Peter.
Maquette de couverture : Sarbacane Design.

Cartographie, bibliographie

Cartes
- Cartes IGN au 1 : 25 000 série Top 25 n°4149 OT, 4150 OT, 4251 OT, 4250 OT, 4252 OT, 4253 OT, 4253 ET, 4254 ET.
- Cartes IGN au 1 : 100 000 n°73 et 74.
- Cartes Michelin au 1 : 200 000 n°90.

Ouvrages généraux
- *Corse*, Le Guide Vert, éd. Michelin.
- *Gîtes d'étapes et refuges*, Rando Editions.
- Editions du Parc naturel régional de Corse (PNRC) :

Réserve de Scandola ; Mammifères de Corse ; Batraciens et reptiles de Corse, Poissons de Corse ; Plantes et fleurs rencontrées; Arburi, Arbe, Arbigliule (botanique) *; La chasse en Corse.*
- *Les forêts de Corse*, coéd. PNRC/ Piazzola/ONF.
- *Bergers de Corse*, coéd. Albiana/PNRC
- *Inventaire des champignons*, éd. Association des amis du PNRC.
- *Les réserves de biosphères*, éd. Gallimard Jeunesse.
- *L'habitat en toit terrasse*, coéd. PNRC/SAGEP.
- *Les menuiseries traditionnelles en Corse*, coéd. PNRC/SAGEP.

Hébergement
Gîtes d'étapes et Refuges, France et frontières, A. et S. Mouraret, éd. Rando Editions,
site internet : www.gites-refuges.com

Le Parc naturel régional de Corse publie également des guides de randonnée, en coédition avec Albiana, dans une collection intitulée «Sentiers de Corse», ainsi que des vidéo-cassettes, en collaboration avec France 3 Corse.

Le sentier GR® 20 : histoire d'un itinéraire de grande randonnée

Pour les ruraux, habitants, paysans et bergers, la montagne, en dehors de la période d'estive où elle était lieu de rassemblement, de vie, de santé pour les bêtes et les hommes, a toujours été un lieu de crainte et de dangers : la neige, les orages, la foudre.
En quelques années, tout a changé !
Dès le début du siècle et jusqu'aux années cinquante, seuls Allemands et Autrichiens, guidés par des bergers et quelques pionniers corses s'y aventurent.
En 1952, Jean Loiseau édite déjà *Itinéraires de Corse* avec de nombreux parcours de montagne recouvrant une bonne part du sentier GR® 20 d'aujourd'hui.
C'est Guy Degos, ingénieur des forêts à la Direction départementale de l'agriculture qui proposera de confier au CNSGR (devenue en 1978 la Fédération Française de la Randonnée Pédestre), l'étude d'un itinéraire de traversée de la Corse par la « ligne de partage des eaux ».
L'étude est réalisée par Michel Fabrikant, ancien amiral, un homme au pas lent, à l'œil attentif, toujours accompagné de son petit carnet annoté à chaque détour.
En 1970, avec lui, des équipes de bénévoles réaliseront le premier balisage : le sentier GR® 20 est né !
En 1971, la mission pour la création du Parc naturel régional de Corse, réalise les deux premiers refuges : Pietra Piana et Campiglione.
En 1972, le parc naît. La nouvelle équipe se lance dans l'équipement du sentier GR® 20 : aménagement de passages, passerelles, panneaux, réfection de bergeries, puis peu à peu, la mise en place de la totalité des hébergements.

Durant 20 ans, le sentier GR® 20 suscitera, au-delà de toute espérance, un engouement exceptionnel : sa spécificité, son authenticité, la beauté de ses paysages en font aujourd'hui l'un des sentiers GR® les plus fréquentés.
Dès lors un nouveau défi est à relever : éviter que la montagne corse ne devienne victime de son propre succès, mais aussi en faire un levier du développement de l'intérieur.
En ce début de troisième millénaire, modernité et développement durable affirment un nouveau souffle. Les techniques nouvelles de communication, d'énergie, de gestion se mettent en place. Le Parc et tous ses partenaires recherchent la cohérence entre l'aventure, l'authenticité, la préservation et l'économie, en réservant la plus grande place à l'échange et la culture où les villages et leur avenir sont au cœur de projets de développement.
La promotion de ce nouvel enjeu demande la plus grande attention et la meilleure intelligence de tous les acteurs de cette formidable aventure.

Guides du Parc en 1972. *Photo PNRC*

" Dans une Corse de l'intérieur exsangue et dans l'incrédulité générale, un groupe de pionniers a rêvé, pensé, conçu et pérennisé ce qui est devenu aujourd'hui un sentier mythique de renommée internationale.
Que de chemin parcouru ! Quelle bénédiction pour la Corse de voir aujourd'hui ces sentiers, ces sommets, devenir synonymes de loisirs, de plaisir, de santé, de rencontres et de développement !
Le Parc se devait de rendre hommage à ces vétérans visionnaires qui nous laissent la noble et lourde tâche de poursuivre et parfaire le travail entrepris "

Jean-Luc Chiappini
Président du Parc naturel régional de Corse

Photo Pascal Leygoute

Le paradis des montagnards

Des grandes plages de Balagne aux eaux bleues du Valincu, de la partie Ouest la plus septentrionale de l'île à l'extrême Sud-Est, de Calinzana à Conca, épousant le relief montagneux de la Corse, le sentier GR® 20 offre au randonneur averti un voyage initiatique au cœur d'un monde à la beauté sauvage.

Faune, flore, minéraux : tout chante, parle ou sourit. La nature préservée conjugue savamment paysages et parfums. De l'aigle majestueux au mouflon indompté, de l'ancolie sauvage à l'immortelle des frimas, du granit austère à la diorite sophistiquée, la montagne nous livre peu à peu ses secrets.

La chaude et fourmillante Balagne regarde avec envie le randonneur chargé, s'éloigner à pas lents, vers d'autres horizons, qu'il faudra mériter. Pas à pas, peu à peu, le paysage change, le sentier est plus rude, l'atmosphère se fait en quelques mètres déjà bien plus légère. La brise d'altitude chargée de doux parfums rafraîchit le marcheur. Merveilles après beautés, refuge après refuge, il survole du regard des images irréelles. Diaporama géant présenté pour lui seul, sur une mélodie qui rythme son parcours : Ortu di u Piobbu, Inuminata, Carozzu, A Muvrella, Stagnu, Altore…

Le montagnard conquis continue son chemin qui le hisse vers les sommets : Bocca Tumaginesca, cirque de la Solitude, Bocca Minuta, Tighjettu… Un rêve en trois dimensions dont le seul lien avec la réalité, tel le Thésée du Minotaure, est ce fil d'Ariane, fait de blanc et de rouge, qui le guide et le rassure.

Pénétrant le cœur de la Corse mythique, adossé aux contreforts du Cintu, le randonneur persévérant domine le Niolu. Franchissant Bocca di Foggiale, qui hésite entre Tafunatu et Paglia Orba, il arrive à Ciottulu di i Mori, au nom plein de mystère, et puis Verghju où, pour un bref instant, il renoue avec la civilisation.

Poursuivant son périple, le marcheur solitaire reprend son ascension. Du col de San Petru aux passages escarpés de

Lac de Capitellu. *Photo PNRC.*

Bocca a Reta, le pas se fait plus lourd et le souffle plus court. La beauté est partout, elle en devient banale…
Mais soudain, au détour du sentier, surgissant d'une lointaine ère glaciaire, les lacs d'altitude apparaissent enfin. C'est une succession de paysages grandioses : camputile avec le Lavu di Ninu, Acqua Ciarniente, Manganu pour un repos mérité, puis, un peu plus loin, taillés à même le roc, les lacs de Capitellu et de Melu réunis. Combien de merveilleuses images à se remémorer le soir, assis sur la terrasse du refuge de Petra Piana, qui domine la vallée.
Accueillante et fraîche, la suite du parcours entre pins laricio et hêtres entraîne le montagnard. Il musarde, il s'arrête, il boit à chaque source. Tolla, l'Onda, la cascade des Anglais, autant d'endroits magnifiques où il peut se baigner.
Une fois franchi le col de Vizzavona, le paysage change. Lieux de rencontres privilégiés avec la tradition, les bergeries de montagne ponctuent la traversée. Brocciu au feu de bois ou fromage de chèvre, de Palmente à Verdi, mille et une occasions de goûter les produits ancestraux.
Le relief pour un temps a calmé ses ardeurs. La roche granitique a fait place aux alpages. Le pas du randonneur, un peu plus assuré, le mène de crête en crête sur la ligne de partage des eaux, de Prati à Laparo et d'Usciolu à Bocca di l'Agnone.
D'Asinau à Paliri, Bavedda la magnifique surprend par sa beauté. Ses aiguilles sculptées impressionnent et fascinent. Hélas, maintenant le voyage se termine. Loin du bruit, pas à pas, plus qu'une seul étape pour revivre un instant ces images irréelles et rejoindre, transformé après tant de délices, Conca, puis Porto-Vecchio et les plages du Sud.

Cochons sauvages. *Photo PNRC.*

La faune du GR® 20

Mouflon (a muvra)

Une randonnée dans le massif du Cintu amène à coup sûr la chance de voir des mouflons, le soir en été quand un groupe de femelles et de jeunes descendent s'abreuver. Les mâles, reconnaissables à leurs longues cornes spiralées, ne rejoignent les femelles qu'en automne au moment du rut.

Cerf (u cervu)

L'espèce a disparu de Corse en 1960. Des individus venus de Sardaigne ont permis de reconstituer un cheptel. Depuis 1990, une population sauvage est en train de

se reconstituer avec des hardes relâchées des enclos de reproduction.

Le cerf de Corse se caractérise par sa petite taille et sa ramure simplifiée, possédant moins d'andouillers que son homologue continental.

Renard (a volpe)

Bien réparti dans l'île, vous verrez peut-être Goupil traverser le sentier devant vous. Aux alentours des refuges, il n'est pas rare qu'il vienne quémander de la nourriture ou jouer avec une paire de chaussures oubliée !

Sanglier (u cignale)

C'est le gibier traditionnel des chasseurs de l'île. C'est à l'occasion des battues que se maintiennent de forts liens sociaux entre les villageois. Il est assez commun en montagne, et une rencontre avec un sanglier en traversant un couloir d'aulnes n'est pas à exclure durant votre randonnée.

Dessins Pascal Robin.

Accenteur alpin

Lors des haltes à Ciottulu di i Mori et Petra Piana, soyez attentifs ! Une sorte de gros moineau peu farouche, viendra picorer quelques miettes. C'est l'accenteur alpin, une des rares espèces d'oiseaux rencontrée à haute altitude. Il vit en groupe. Son nid est établi au sol, au pied d'un buisson ou sous une pierre. En hiver, il quitte la haute montagne enneigée pour une gorge à basse altitude, parfois même dans des falaises au bord de la mer.

Chocard à bec jaune (a taccula)

Des oiseaux noirs survolent en troupe le lac de Melo au-dessus de la vallée de la Restonica et se posent en sifflant sur les pozzines, cherchant à grappiller quelques reliefs de repas. De la taille d'un pigeon, les montagnards les nomment improprement " choucas ". Tout au long du sentier GR®, leurs cris vous accompagneront. Un individu lancera un cri plus fort que les autres, une alarme, et vous verrez la troupe s'envoler, sans doute à l'approche d'un aigle royal ou d'un faucon pèlerin dont il est la proie favorite.

Gypaète barbu (l'altore)

Ce grand rapace occupe une place d'exception : ne chassant pas, il se nourrit presque exclusivement d'ossements issus des carcasses d'animaux tels que brebis ou vaches. De puissants sucs gastriques lui permettent de les digérer. Les os trop gros sont lâchés en vol pour être cassés. Sa répartition mondiale est vaste, mais ils sont actuellement en régression dans beaucoup de régions, voire disparus. La Corse possède une population d'une dizaine de couples, suivis annuellement par le Parc et dont la survie dépend des activités pastorales. Si vous êtes attentif, vous aurez sans doute la chance de voir ce grand oiseau caractérisé par ses longues ailes, une queue longue et cunéiforme ainsi qu'une tête proéminente.

Sittelle corse (a pichjarina)

Ce fut un naturaliste anglais, John Whitehead, qui en fit la découverte en Corse en 1883. C'est un petit passereau d'une douzaine de centimètres. Une calotte noire distingue le mâle de la femelle. La sittelle corse habite presque exclusivement dans les forêts de pin laricio de l'intérieur de l'île, choisissant un arbre mort pour y creuser une loge ; la femelle y déposera ses œufs et le couple y élèvera ses trois à cinq poussins. La faible superficie recouverte par les pins laricio limite les effectifs à quelques milliers d'individus seulement.

La flore du GR® 20

L'île aux milliers d'espèces de plantes : Au total, les botanistes ont recensé plus de 2 000 espèces et sous-espèces indigènes auxquelles il faut ajouter plusieurs dizaines d'espèces introduites. Les plantes qualifiées d'endémiques à une région ne sont rencontrées nulle part ailleurs. Elles sont particulièrement bien représentées en montagne où elles forment plus du tiers de la flore de l'île à une altitude supérieure à 800 mètres.

Ellébore

L'ellébore pousse en sous-bois entre 600 et 900 mètres d'altitude. Elle est vénéneuse, mais son suc était utilisé pour soigner les plaies des bêtes.

Crocus corse

Le crocus corse pousse essentiellement de 300 à 2 600 mètres d'altitude. Il s'ouvre à la fonte des neiges.

Pin laricio

Endémique de l'île, le pin laricio couvre une superficie de 20 000 hectares environ, et forme une grande partie des forêts de l'intérieur. On le reconnaît à son tronc de couleur argentée relativement lisse, ses aiguilles et ses cônes de petite taille, et enfin les branches sommitales qui constituent une sorte de table. Les pins laricio de Corse vivent plusieurs siècles. Ce sont eux que vous rencontrerez le plus souvent sur le sentier GR® 20.

Pin maritime

Le pin maritime pousse sur de plus vastes superficies, du littoral à environ 1 000 mètres d'altitude dans l'intérieur. Comparé au pin laricio, il possède un tronc rougeâtre avec une écorce composée de plaques bien apparentes, de longues aiguilles et des cônes de grande taille. Sa durée de vie ne dépasse pas 150 ans.

Dessins Nathalie Locoste.

Aulne odorant

Recouvrant de vastes superficies en montagne, l'aulne odorant joue un rôle important pour stabiliser les terrains en montagne. En hiver, il perd ses feuilles et les aulnaies souvent recouvertes par une chape de glace ou de neige. En été, il est paré d'un feuillage vert tendre, devenant l'habitat d'innombrables passereaux qui s'y reproduisent : pinson des arbres, rouge-gorge, fauvette à tête noire, venturon corse…

Pozzines

Les pozzines constituent l'une des grandes caractéristiques des montagnes de la Corse. Ces petites zones humides (littéralement « puits » en langue corse), parfois grandes comme des mouchoirs de poche, se présentent comme des prairies dont la couleur verte contraste avec l'univers minéral sombre qui les entoure. Elles possèdent pour la plupart une flore remarquable. Le Parc naturel régional de Corse, qui en a fait l'inventaire détaillé, a mis en œuvre un programme de contrôle pour en assurer la protection.

Châtaignier

Les châtaigniers forment encore de vastes forêts qui ont remplacé, il y a des siècles, les chênes verts et les chênes pubescents originels. Une des plus belles régions de la Corse leur doit son nom : La Castagniccia.

Hêtre

Les hêtraies sont des éléments indispensables à l'équilibre biologique. Le randonneur les appréciera à leur juste valeur pour le havre de paix et de fraîcheur qu'elles offrent lors d'une rude montée.

Pozzines

Calenzana
Teppa
Poggiale
Mariani
Lora
Santa Restituta Chap.
Monte Lonino
Bocca di C
St. épur.
Cudaellu
Gîte d'étape
St-Ignace Chap.
San Quilco
Susinelli
Min ruiné
Partani
Aqueduc
Colletola
Casella
Corbaggio
Figa Mara
GR 20
I Zapuli
Lavupargu
Sce captée
le Moulin de
Aghioa
Capu di Pratu
Bocca u Corsu
Funtana di Ortivinti
Marinu
Capu di u Ravalente
Pratu
Meu
Muravella
Mare e Monti
Madre Serba
Cuzia
Berg.
Gastardu
d'Arghioa
Sambucu
Arghioa
Bois de l
Bocca à u Saltu
Curzulosu
FORÊT COMMUNALE
0
500 m
Carte IGN 4149 OT
Capu Ghiov
Vivariu
de Sambucu
1
2
3
4
5

1550 m
+ 1295 m (cumulés)
- 50 m (cumulés)
275 m

De Calinzana au refuge d'Ortu di u Piobbu

aller : 6 h 30 retour : 5 h (pages 30 à 33)

▶ Attention : il n'existe aucun point d'eau entre la fontaine d'Ortiventi, au-dessus de Calinzana et Ortu di u Piobbu.

De Calinzana à un croisement de sentiers 1 h

À Calinzana : *taxi, poste, médecin*

Calinzana : ancien village de bergers, maison d'information du Parc régional de Corse.

1 À **Calinzana**, rejoindre le début de l'itinéraire situé à la fontaine de Sant'Antone (275 m), dans le haut du village, en direction du Sud-Est. Le sentier s'élève le long d'un authentique sentier muletier anciennement pavé pour atteindre la fontaine d'Ortiventi (*source légèrement au-dessus du sentier*). Un peu plus loin, atteindre **un croisement de sentiers** (550 m).

▶ Le sentier de droite (*Mare e Monti® ; voir topo-guide Corse,* Entre mer et montagne *; balisage orange*) conduit à Bonifatu (*gîte d'étape, hôtel, restaurant, ravitaillement*) en 3 h 45. De là, il est possible d'accéder soit au refuge Ortu di u Piobbu en 3 h 40 (*liaison décrite p. 35*), soit d'accéder au refuge Carrozzu en 2 h 30 (*liaison décrite p. 39*).

Du croisement de sentiers au promontoire d'Arghjova 1 h 30

2 Au **croisement de sentiers**, tourner à gauche (Sud-Est), s'élever jusqu'à Bocca di u Ravalente (616 m).

3 Franchir la crête et pénétrer dans la forêt communale du Sambuccu (*qui signifie sureau*). Effectuer une grande traversée pour arriver au ruisseau d'Arghjova et atteindre le **promontoire d'Arghjova** (820 m).

Du promontoire d'Arghjova à Bocca à u Saltu 1 h 30

4 À partir du **promontoire d'Arghjova**, le sentier continue son ascension en larges lacets puis traverse une pente en direction Nord pour bifurquer vers l'Est et gagner **Bocca à u Saltu** (1250 m).

Calinzana. *Photo Pascal Leygoute.*

Calinzana

Son territoire, l'un des plus étendu de France, offre une grande variété de paysages : ses forêts et vallées, ses 30 km de façade maritime, les premiers contreforts de la montagne qui permettent un tourisme de pleine nature : randonnée, escalade, parapente. Le sanctuaire de sainte Restitude abrite le sarcophage de la Sainte Vierge corse martyrisée sous l'empereur Dioclétien en 303, l'église Sainte-Blaize, ancienne collégiale, et son campotile élevé sur le cimetière des Allemands. Ce bourg, qui fut l'un des vergers de la Corse, conserve son activité rurale autour de la vigne, du miel, des confitures, et de l'élevage de brebis et de chèvres produisant un fromage renommé. On y fabrique aussi des gâteaux secs (cuciulelli), ainsi que des apéritifs et liqueurs locales.

Frintogna
Capu Pianu
Collu a i Pini
Monte Longu
Manganu
Tavulaghiu
Erbajo
Funtana di Monteduru
Bocca a u Saltu
Bocca de la Fratte
GR 20
Capu Ghiovu
Crête du Fucu
COMMUNALE
0
500 m
Cartes IGN 4149 OT - 4249 OT
4250 OT
Bocca di
Refuge de l'Ortu di u Piobbu
Berg. des Santucce
Melaghia
Liaison vers Bonifatu
Capanne
Capu Gianon
Mandriaccia
la Mandriaccia Berg.
Rr de Ciuttulosu
Doninu Berg.
NIALE
Crête de Purcareccia
CALENZANA - MONCALE
5
6
7
8

De Bocca à u Saltu à Bocca à u Bazzichellu 1 h 15

5 Sur l'autre versant de **Bocca à u Saltu**, l'itinéraire descend légèrement en forêt, bifurque vers la droite et remonte à travers une barre rocheuse (*partie équipée d'un câble*) jusqu'au large col de **Bocca à u Bazzichellu** (1486 m).

De Bocca à u Bazzichellu au refuge d'Ortu di u Piobbu 1 h 15

Au refuge d'Ortu di i Piobbu : petite restauration, bivouac aménagé

6 De l'autre côté de **Bocca à u Bazzichellu** (1486 m), suivre vers l'Est le sentier en courbe régulière qui, après une petite montée, atteint le **refuge d'Ortu di u Piobbu** (1520 m).

Hors GR pour le Monte Corona : 3 h A/R
Du **refuge d'Ortu di u Piobbu**, prendre la direction Nord-Est jusqu'à Bocca di Tartagine (1852 m). Remonter à droite en suivant au mieux la crête pour rejoindre le sommet du **Monte Corona** (2144 m).
Cartes IGN utiles Top25 4149 et 4250.
Vue sur les vallées de la Melaghja et de Tartagine.

Lys orangé. *Photo PNRC.*

Promontoire d'Arghjova.
Photo Pascal Leygoute.

Bocca di Tartagine
GR 20
A
Piobbu
Monte Co
Capu Gianonne
1868
Bocca di Petre
Doninu Berg. Rnée
la Mandriaccia Berg. Rnée
Mandriaccia
Liaison
Melaghia
Berg. des Santucce
Santucce
DE
Punta Pinzalone
1225
e Capanne Rnes
Rer de Ciuttulosu
0
500 m
Cartes IGN 4149 OT - 4250 OT
Crête de Purcareccia
BONIFATU
CALENZANA - MONCALE
ALE
Capu Ladr
2145
Punta Pisciaghia
Spinu di u Buttacciu
Chemin de Ronde
Valle d'Alloru
Punta di Ficaghiola
di Roncu
Gîte d'étape
Hôtel
Gué
B
Aiguilles

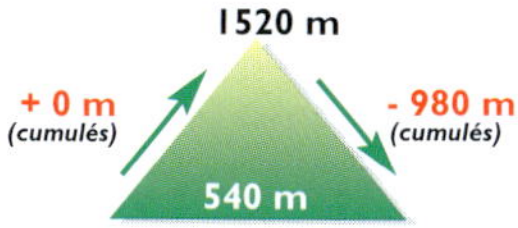

D'Ortu di u Piobbu à Bonifatu

aller : 2 h 30 | retour : 3 h 30

▶ En utilisant cette liaison et la liaison suivante (*décrite page 39*), il est possible d'effectuer une variante, plus facile que le GR® 20, pour accéder au refuge Carrozzu en 5 h.
▶ Le camping est interdit en forêt de Bonifatu.

Du refuge d'Ortu di u Piobbu au radier de Roncu — 2 h 10

A Du **refuge d'Ortu di u Piobbu** (1520 m), descendre plein Ouest dans une remarquable forêt de pins laricio. Le sentier bien tracé descend en lacets et rejoint la piste d'exploitation forestière qui mène au **radier de Roncu** (620 m).
▶ La restauration du chemin de Ronde, qui passe en rive droite du ruisseau de Melaghia, est en cours de réalisation. *Son parcours est recommandé en cas de pluie ou de crue*, car il permet de traverser la rivière sur une passerelle au niveau du gîte de Bonifatu.
Traverser le **radier de Roncu** (*620 m ; prudence en cas de pluie et de crue*).
▶ Jonction avec la liaison qui vient du refuge Carrozzu (*description page 39*).

Du radier de Roncu à Bonifatu — 20 mn

A Bonifatu :

B Après le **radier de Roncu**, descendre par la piste à droite. Elle mène à **Bonifatu** (540 m).

Refuge d'Ortu di u Piobbu. *Photo Pascal Leygoute.*

Les forêts de Corse

La Corse est sans aucun doute l'île la plus boisée de la Méditerranée. On y rencontre de nombreuses essences d'arbres. Plusieurs sont emblématiques, en raison de leur utilisation par les humains dans l'économie traditionnelle, de leur répartition relativement vaste qui leur donne une importance majeure dans le paysage, et enfin bien sûr de leur beauté. Pour le randonneur, les forêts constituent des havres de fraîcheur. Cependant, les incendies qui les ravagent tous les étés, et bien souvent aussi durant l'hiver, réduisent en fumée une partie des forêts séculaires de l'île. Paradoxalement, l'abandon en montagne des estives pour le bétail provoque la reconquête de ces terrains par une forêt jeune.

Bocca di Tartagine
1852
Refuge de l'Ortu di u Piobbu
7
Liaison vers Bonifatu
GR 20
Monte Corona
2144
Capu Gianonne
1868
la Mandriaccia Berg. Rnée
8
Bocca di Petrella
1961
Doninu Berg. Rnée
0
500 m
Carte IGN 4250 OT
LENZANA - MONCALE
9
Punta Pisciaghia
Capu Ladroncellu
2145
Aiguilles de Falcone
10
Col d'Avartoli
1898
11
Punta Ghialla
2085
Punta Innominata
1986
Liaison vers Bonifatu
Spasimata
GR 20
Abri de Spasimata
Refuge de Carrozzu
12
Passerelle Suspendue
13
Punta di Spasimata
1863
Punta Mezzagnu
2085
Bocca di Finusellu
Capu a u Carrozzu
2139

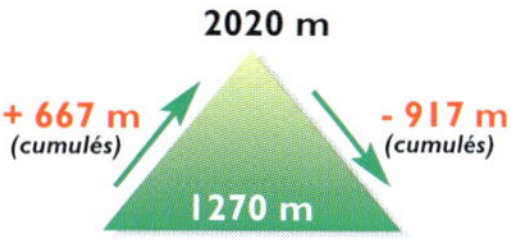

Du refuge d'Ortu di u Piobbu au refuge de Carrozzu

aller : 7 h | retour : 5 h (pages 36 à 37)

► Attention : il n'existe aucun point d'eau entre la source de Leccia Rossa, sous la Bocca di Pisciaghja, et le refuge de Carrozzu.

Du refuge d'Ortu di u Piobbu à la Bocca di Pisciaghja — 3 h 15

7 Au **refuge d'Ortu di u Piobbu** (1520 m), prendre la direction Sud-Ouest. Le sentier s'élève pour atteindre le point coté 1627. Descendre vers la bergerie de Mandriaccia (1460 m).

8 Franchir le ruisseau (*source*), remonter la vallée au pied d'immenses dalles rocheuses, passer le ruisseau, puis gravir un petit col d'éboulis pour arriver à la source de Leccia Rossa. Le sentier continue son ascension parmi de gros rochers et des aulnes pour atteindre **la Bocca di Pisciaghja** (1950 m).

De la Bocca di Pisciaghja à la Bocca d'Avartoli — 1 h

9 Après **la Bocca di Pisciaghja** (1940 m), l'itinéraire s'élève jusqu'à 2020 m, passe sur le versant Sud du Capu Ladruncellu dans un immense pierrier, puis en courbe de niveau légèrement montante, traverse des éboulis et une succession de petits collets pour rejoindre le col dénommé **Bocca d'Avartoli** (1898 m).

De la Bocca d'Avartoli à la Bocca di L'Innominata — 1 h 15

10 Le GR® 20 passe sur le versant Est de **la Bocca d'Avartoli** en courbe de niveau, entre dans le cirque du Ladruncellu, puis longe le versant Nord-Ouest de la Punta Ghjalla et rejoint **la Bocca di L'Innominata** (1912 m).

De la Bocca di L'Innominata au refuge de Carrozzu — 1 h 30

Au refuge de Carrozzu : petit ravitaillement, bivouac aménagé

11 Sur l'autre versant de **la Bocca di l'Innominata**, le sentier assez raide descend en direction du vallon de Carrozzu. En bas du ravin, se diriger vers l'Ouest. Au pied de la Punta Innominata, atteindre les anciennes bergeries de Carrozzu, puis franchir le petit ruisseau du même nom pour arriver au **refuge de Carrozzu** (1270 m).

Photo Pascal Leygoute.

Maison Forestière de Bonifatu
Gîte d'étape
Hôtel
Chemin de Ronde
Roncu
Punta Calatoghiu
Bocca di u Calataghiu
Mon Prince Pierre
A
B
Liaison
0
500 m
Carte IGN 4149 OT
Crête du Sumere
Spinu di u Buttacciu
Aiguilles de Falcone
Ladroncellu
Cirque de Bonifatu
Crête de Lamitu
Pittinaghia
Aiguille de Bonifatu
Crête de Petrinaccia
Spasimata
Fne de Spasimata
Refuge de Carrozzu
GR 20
Capu Micciaghiu
Punta Pittinaghia
Pinzi di Prete Canone
Lavu di u Ceppu
Capu a u Ceppu
Bocca di Pittinaghia
Capu di Meta di Filu
Punta Petrinaccia
Punta di
Meta di Filu

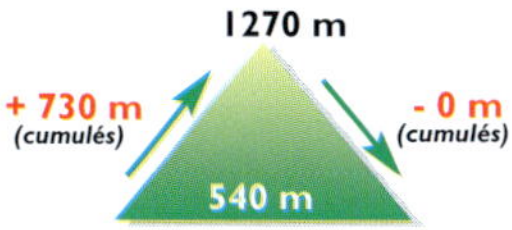

De **Bonifatu** au **refuge de Carrozzu**

aller : 2 h 30 | retour : 2 h

▶ En utilisant cette liaison et la liaison précédente (*décrite page 35*), il est possible d'effectuer une variante, plus facile que le GR® 20, pour aller du refuge d'Ortu di u Piobbu au refuge de Carrozzu en 5 h.
▶ Le camping est interdit en forêt de Bonifatu.

De Bonifatu au radier de Roncu — 20 mn

A Bonifatu :

A De **Bonifatu**, suivre la piste qui remonte la vallée en rive droite et arriver au niveau du **radier de Roncu** (620 m).
▶ Jonction avec la liaison qui vient du refuge d'Ortu di u Piobbu (*description page 35*).

Du radier de Roncu au refuge de Carrozzu — 2 h 10

Au refuge de Carrozzu : petit ravitaillement, bivouac aménagé

B Ne pas traverser le **radier de Roncu**, mais continuer par le sentier en forêt, en rive gauche du ruisseau de Lamitu. Franchir la passerelle, puis continuer sur la rive opposée jusqu'à Spasimata (*fontaine*). Par une raide montée en lacets, atteindre le **refuge de Carrozzu** (1270 m).

La passerelle de Spasimata

La passerelle suspendue de Spasimata permet de franchir un ruisseau à l'entrée des gorges menant à la Muvrella, en direction d'Asco. Elle est le seul moyen d'accès au sentier GR® 20 ; ce cours d'eau s'avère en effet infranchissable à gué quand il est en crue. Ce « pont » suspendu âgé de 30 ans, a fait l'objet en 2001 d'une réfection totale. Les travaux ont été réalisés en régie par les agents du Parc de Corse. Cette impressionnante passerelle , tendue à une quinzaine de mètres de haut et longue de 31 mètres, portée par des câbles d'acier, accueille près de 25 000 randonneurs par saison.

Photo Pascal Leygoute.

Liaison vers Bonifatu
Punta Ghialla
Punta Innominata
GR 20
Abri de Spasimata
Refuge de Carrozzu
Passerelle Suspendue
Punta Mezzagnu
Bocca di Finusellu
Punta di Spasimata
Capu a u Carrozzu
Colonne di a Marcia
Capu di a Marcia
Bocca di Maghine
Lac de la Muvrella
a Muvrella
Valdu Seccu
Bocca di Stagnu
Plateau de Stagnu
Gîte d'étape
Station de Ski du Haut Asco
Refuge Asco-Stagnu
Bocca Culaghia
Punta Culaghia
Téleski
Punta Stranciacone
Punta Missoghiu
0
500 m
Carte IGN 4250 OT
11
12
13
14
15
16
17
18

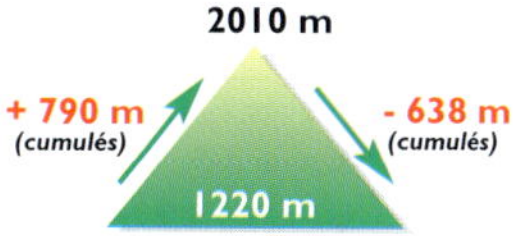

Du refuge de Carrozzu au refuge d'Ascu Stagnu

aller : 6 h 10 retour : 4 h 45 (pages 40 à 41)

► Attention : l'étape est dépourvue d'eau sur tout le parcours (*l'eau du lac de la Muvrella est impropre à la consommation*).

Du refuge de Carrozzu au lac de la Muvrella 3 h

12 Au **refuge Carrozzu**, descendre au Sud-Ouest jusqu'à la passerelle suspendue de Spasimata (1220 m).

13 La franchir et passer rive gauche du torrent. Le sentier monte par de grandes dalles rocheuses qui surplombent le ruisseau (*passage délicat et glissant par temps de pluie, par endroits équipé de câbles*).

14 Au confluent de ruisseaux (1464 m), le sentier s'élève au Sud-Est dans une combe d'origine glaciaire peuplée d'aulnes (*risque de névés en début de saison*), puis continue son ascension en serpentant à travers de grands aulnes le long d'une barre rocheuse (*sur la fin, certains passages sont équipés de mains courantes*).

Déboucher, au sommet de la barre rocheuse, sur le **lac de la Muvrella** (1860 m).

► Le bivouac est strictement interdit (*zone protégée et fragile*).

Du lac de la Muvrella à Bocca di Stagnu 1 h 10

Du lac de la Muvrella, le point de vue est très étendu sur la vallée et la côte balanine. Le mouflon y est roi comme son nom l'indique.

15 Quitter le **lac de la Muvrella** (lavu di a Muvrella) pour grimper dans un couloir assez raide, jusqu'à Bocca di a Muvrella (2000 m) sur l'arête Ouest du massif de la Muvrella.

16 Contourner la crête par la droite pour rejoindre la grande arête de partage des eaux, légèrement au Sud du sommet de la Muvrella, au col dénommé **Bocca di Stagnu** (2010 m).

De Bocca di Stagnu au refuge d'Ascu Stagnu 2 h

A Haut-Asco :

17 Franchir le col **Bocca di Stagnu** et descendre par un couloir assez raide, à l'Est. La fin du parcours s'effectue à travers une forêt de vieux pins laricio pour arriver à la station de ski de Haut-Asco et au **refuge d'Ascu Stagnu** (1422 m) (Haut-Asco).

Hors GR pour le Monte Cintu : 8 h 30 A/R

Ascension peu difficile. Carte IGN utile Top25 4250 OT.

Le Cintu constitue le point culminant de la Corse.

A partir de **Haut-Asco** et du plateau de Stagnu (1422 m), l'itinéraire est jalonné par de nombreux cairns. Suivre le sentier plein Sud à travers la forêt de pins laricio et rejoindre le vallon de Tighjettu après avoir franchi une passerelle (1488 m). Continuer vers l'Est par la rive droite du ruisseau. La progression dans ce vallon très encaissé est longue et raide. Atteindre le col de Borba (2207 m). Du col apparaît clairement le sommet du Cintu. Le sentier passe près du lac d'Argentu pour arriver sous un énorme pierrier raide qu'il faut remonter jusqu'à la pointe des Eboulis (2607 m). Gagner l'antécime Ouest du Cintu (2651 m). Descendre, puis remonter par des couloirs rocheux pour atteindre enfin le sommet (2706 m).

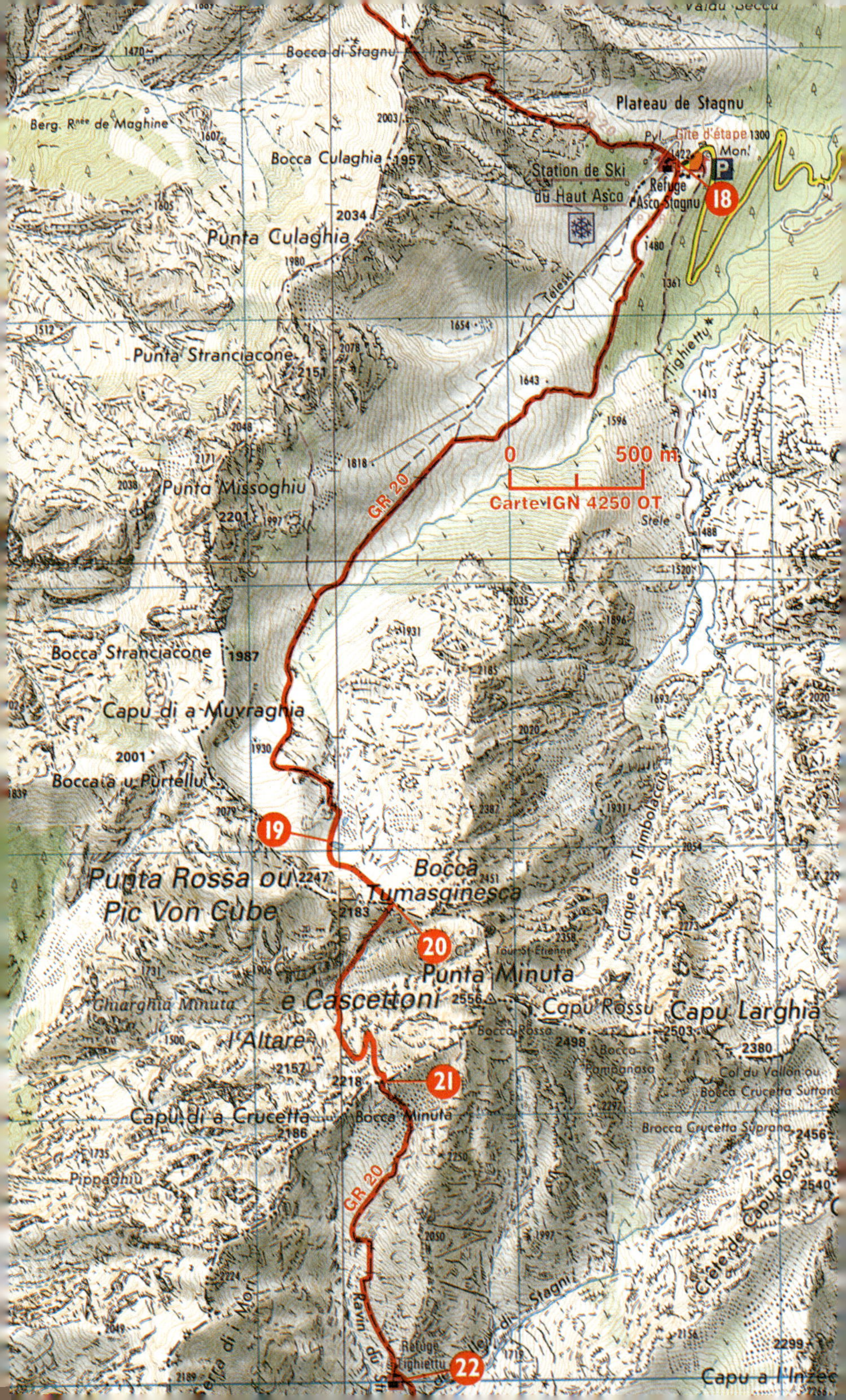

Bocca di Stagnu
Plateau de Stagnu
Gîte d'étape
Station de Ski du Haut Asco
Refuge Asco-Stagnu
18
Bocca Culaghia
Punta Culaghia
Punta Stranciacone
Punta Missoghiu
GR 20
0
500 m
Carte IGN 4250 OT
Bocca Stranciacone
Capu di a Muvraghia
Boccaia u Purtellu
19
Punta Rossa ou Pic Von Cube
Bocca Tumasginesca
20
Punta Minuta
e Cascettoni
Capu Rossu
Capu Larghia
l'Altare
21
Capu di a Crucetta
Bocca Minuta
Col du Vallon ou Bocca Crucetta Suttana
Brocca Crucetta Suprana
Crête de Capu Rossu
Cirque de Trimbolacciu
Ravin du Stagni
Refuge Tighiettu
22
Capu a l'Inzecca

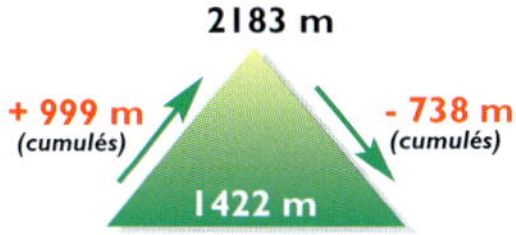

Du refuge d'Ascu Stagnu au refuge de Tighjettu

aller : 6 h | retour : 6 h *(pages 42 à 43)*

▶ La traversée délicate d'E Cascettoni (cirque de la Solitude) impose de partir tôt. Se munir d'eau car ce parcours en est dépourvu.

Du refuge d'Ascu Stagnu au Lavu d'Altore — 2 h

18 Quitter la station d'**Ascu Stagnu** vers le Sud-Ouest en longeant une moraine jusqu'au premier plateau. Passer sur la rive gauche du ruiseau de Stranciacone puis près du col de Stranciacone pour atteindre une cuvette d'origine glaciaire entourée d'éboulis de couleur rougeâtre, appelée **Lavu d'Altore** (1930 m).

▶ Le site de Lavu d'Altore étant sensible, le bivouac y est interdit.

De Lavu d'Altore à Bocca Tumasginesca — 30 mn

Le Lavu d'Altore offre une vue sur la Punta Culaghja, la Punta Stranciacone, le Capu di a Muvraghja et la Punta Rossa (pic Von Cube).

19 Quitter le **Lavu d'Altore** et entamer une montée à travers une zone d'éboulis pour franchir la **Bocca Tumasginesca** (2183 m ; *appelée col Perdu sur la carte IGN*).

De Bocca Tumasginesca à Bocca Minuta — 2 h

▶ De là, se découvre E Cascettoni (ou le cirque de la Solitude), un des lieux mythiques du sentier GR® 20. C'est le tronçon le plus impressionnant du parcours. Le site est constitué de parois rocheuses très raides sur lesquelles un randonneur non aguerri à la montagne peut être impressionné. L'itinéraire passe par des barres rocheuses qui ont nécessité des aménagements (*mains courantes, échelles*). Néanmoins, il ne présente aucune difficulté technique, mais seulement quelques petites escalades. Il faut être vigilant par temps de pluie et faire attention aux chutes de pierres, surtout en groupe.

20 Sur le versant Sud de **Bocca Tumasginesca**, descendre au fond du cirque (1980 m) avant de remonter au Sud-Est jusqu'à **Bocca Minuta** (2218 m).

De Bocca Minuta au refuge de Tighjettu — 1 h 30

Au refuge de Tighjettu : bivouac aménagé

21 Franchir **Bocca Minuta** et descendre au Sud par le chemin qui longe le Stranciacone, entre dalles et éboulis jusqu'au **refuge de Tighjettu** (1683 m).

Hors GR pour le Monte Cintu : 8 h A/R

Ascension facile. Carte IGN utile Top25 4250 OT.

Le Cintu (2706 m) constitue le point culminant de la Corse.

De **Tighjettu**, s'engager dans le vallon de Valle di Stagni en suivant la rive droite. Atteindre un replat (2200 m). S'orienter à l'Est en légère traversée ascendante dans un large pierrier pour franchir Bocca Cruccetta (2456 m). Descendre un court et étroit couloir rocheux sur le versant Est. Par une traversée Nord-Est, se tenir au plus près des barres rocheuses qui dominent le lac. Progresser en suivant l'arête jusqu'à la pointe des Eboulis (2607 m) et retrouver l'itinéraire qui part de Haut-Asco.

0
500 m
Carte IGN 4250 OT
A
B
GR 20
Liaison
Refuge
Cresta di l'Inzecche
Monte Albanu
2018
Cinque Frati
1986
Quarcetta
Berg. de Tilarba
Berg. de Costa Arsa
Berg. de Ballone
Ravin d'Erbariccia
la Grotte des Anges
Solaiolu
Sambuchellu
Monte Calanca
Fiuminasca
Funtana di Cava
Ravin de la Grotta di Melu
Calasima
Poggiolo
Melarie
Orba
Paglia
D 318
Pr. d'Eau
Furnacce
N
O
A
L
I

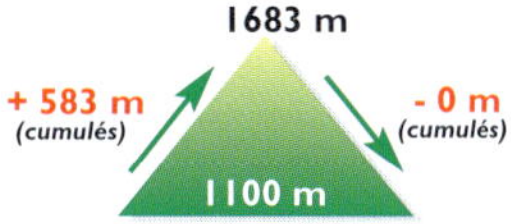

Du refuge de Tighjettu à Calasima

aller : 2 h 30 | retour : 2 h 45

Du refuge de Tighjettu aux bergeries d'U Vallone

30 mn

A Du **refuge de Tighjettu**, suivre le GR® 20 jusqu'aux **bergeries d'U Vallone** (1440 m).

Des bergeries d'U Vallone à Calasima

2 h

B Aux **bergeries d'U Vallone**, quitter le grand sentier par la gauche pour rejoindre une piste qui mène au village de **Calasima** (1100 m).

Calasima est le village le plus haut de Corse.

Refuge Tighjettu et alentours des bergeries d'U Vallone.
Photos Pascal Leygoute.

« Le plus haut village de Corse »

« Calasima, induve u solu affacca prima » (le soleil brille en premier), chante Antoine Ciosi, chanteur populaire qui exprime dans ses refrains l'attachement des Corses à leur village.
Calasima (1 100 m d'altitude) est le plus haut d'entre eux, et les quelques dizaines d'habitants qui y séjournent sont fiers de cette particularité. Le village dépend administrativement d'Albertacce distante de 7 km.
Calasima, est également le nom d'un affluent du Golu, plus long fleuve de Corse (85 km) qui prend sa source à 2 500 m sous les massifs du Niolu. En effet, Paglia Orba, la majestueuse et Cintu, l'austère, forment la toile de fond de cette magnifique région du Niolu où est perché Calasima.
Terre de tradition pastorale où la transhumance rythmait les saisons, le Niolu a une histoire très tourmentée, malgré son isolement géographique. Il est ainsi amusant de remarquer que des habitants de Calasima sont blonds aux yeux clairs, témoignage, sans doute, d'invasions Nord européennes…

GR 20
0
500 m
Carte 4250 OT
Liaison vers Calasima
22
23
24
25
26
FORÊT
COMMUNAL
Capu Tighiettu
2273
Capu Ucellu
Col de Serra Pianella
Serra Pianella
Paglia Orba
2525
Col des Maures
Capu Rossu
Capu Tafunatu
Bocca di Foggiale
Refuge Ciuttulu di i Mori
P.N.R.C.
Saltare
Orba
Paglia
Ravin d'Erbariccia
la Grotte des Anges
Berg. de Prugnoli
Foggiale

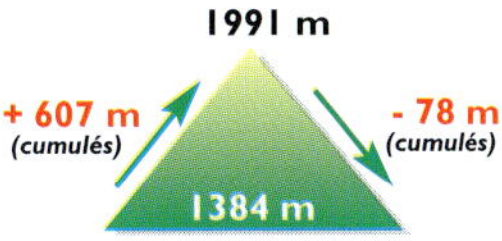

Du refuge de Tighjettu
au refuge de Ciottulu à i Mori
aller : 4 h | retour : 4 h (pages 46 à 47)

Du refuge de Tighjettu aux bergeries d'U Vallone — 30 mn

22 Du **refuge de Tighjettu**, descendre vers le Sud et atteindre les **bergeries d'U Vallone** (ou Ballone) (1440 m).

▶ Séparation de la liaison qui permet de rejoindre le village de Calasima et le réseau routier (*voir descriptif et tracé pages 44 et 45*).

▶ Possibilité de baignade dans le Viru, à côté des bergeries d'U Vallone.

Des bergeries d'U Vallone à Bocca di Fuciale — 3 h 15

23 Laisser les **bergeries d'U Vallone** à gauche, rester sur la rive droite du Viru et suivre une courbe de niveau (1400 m) à travers la forêt.

24 Au pied de la Paglia Orba, franchir un petit ruisseau pour rejoindre le vallon de Focce Chialla. Une raide montée à travers des barres rocheuses permet d'atteindre le col appelé **Bocca di Fuciale** (1962 m).

De Bocca di Fuciale au refuge de Ciottulu à i Mori — 15 mn

Au refuge de Ciottulu à i Mori : petit ravitaillement, bivouac aménagé

25 Franchir la **Bocca di Fuciale**. Le sentier monte légèrement vers le Nord-Ouest, longe le versant Sud de la Paglia Orba et gagne le **refuge de Ciottulu à i Mori** (1991 m).

Les sources du Golu (le fleuve le plus long de Corse qui compte 75 km), sont toutes proches.

Hors GR pour Paglia Orba : 4 h A/R

Ascension facile (quelques passages d'escalade facile).

Carte IGN utile Top25 4250 OT.

Monter par une bonne trace au pied du col des Maures.

Cet itinéraire jalonné de cairns offre notamment une vue sur le trou du Tafunatu, sur le massif du Cintu et de la région de la Balagne (Calvi).

Hors GR pour Capu Tafunatu : 3 h A/R

Ascension de difficulté moyenne (notions d'escalade nécessaires).

Carte IGN utile Top25 4250 OT.

Monter au Nord-Ouest par des gradins vers la crête qui prolonge l'éperon Sud du Tafunatu.

Cet itinéraire jalonné de cairns passe notamment au trou du Tafunatu et offre une vue sur le golfe de Porto, la réserve de Scandola et la vallée du Falosorma.

Photo Pascal Leygoute.

Refuge Ciuttulu di i Mori
PNRC
26
25
27
28
29
30
GR 20
Bocca di Foggiale
Saltu Muvratu
Capu a e Ghiarghiole
2105
Funtana di Monti Nielli
Punta di Tula
2142
Berg. de Tula
Balanina
Bocca a e Sponde
1985
Station Météorologique
Punta Licciu
Ravin de Sponde
Ghiarghie
S. di e Sponde
Crête de Furmicuccia
0
500 m
Cartes IGN 4150 OT 4250 OT
Capu di Guagnerola
1967
Bocca di Guagnerola
1833
Golo
Capu a e Piane
1691
Berg. de Pratelle
e Forcelle
1988
Capu di a Merla
1796
S. de Latuca
S. de Spiscia
Casc.
S. di e Noci
Berg. de Radule
Pte de Cricche
2057
Catamalzi
le Fer à Cheval
Liaison
Ciattarinu
Camp. Militaire
Mare a Mare Nord
de Rughiaghie
FORET DOM.
Mare a Mare Nord
Col de Vergio

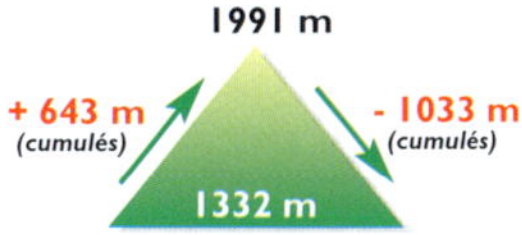

Du refuge de Ciottulu à i Mori au refuge de Manganu

aller : 8 h | retour : 8 h (pages 48 à 51 et 54 à 57)

▶ Cette longue étape peut être scindée en deux grâce aux hébergements du Castel de Vergio (1er jour : 2 h 20, second jour : 5 h 40).

Du refuge de Ciottulu à i Mori aux bergeries d'E Radule 1 h 20

26 Du **refuge de Ciottulu à i Mori**, partir en courbe de niveau en direction du Sud-Ouest. Longer la ligne de crête.
Vue sur la vallée de la Lonca et la façade maritime du Parc régional.
27 Le sentier descend le long du Golu et passe à proximité des bergeries de Tula (1700 m). En restant sur la rive droite, rejoindre un ancien sentier de transhumance au pied de Bocca Guagnerola (*qui reliait les régions du Falasorma et du Niolu*). Au plan de la Croix, passer sur la rive gauche (*bien suivre le balisage*) et arriver à une bifurcation.

Halte aux bergeries d'E Radule. *Photo Pascal Leygoute.*

▶ Le sentier à gauche gagne la cascade d'E Radule.
28 Retraverser le Golu en laissant le sentier de transhumance à gauche et, par un petit sentier pittoresque, atteindre **les bergeries d'E Radule** (1370 m ; *vente de fromages et de brocciu tant que le berger n'est pas à la retraite...*) et une bifurcation.

Liaison pour Bocca di Verghju : aller : 30 mn | retour : 40 mn

Le sentier à droite monte directement à **Bocca di Verghju** (ou col de Vergio) (1477 m) et permet de gagner le réseau routier.

Le long du Golu. *Photo Pascal Leygoute.*

29
30
31
32
33
GR 20
Liaison
Mare a Mare Nord vers Evisa
Mare a Mare Nord vers Albertacce
Berg. de Radule
le Fer à Cheval
Ciattarinu
Camp militaire
Col de Vergio
Station de ski
Gîte d'étape
Téleskis
Castellu di Vergio
Capu di Vergio
Bocca â Manuella
Manuella
Pont des Condamnes
Pont du Renaghiu
Funtanelle
Caroline
Scupertu
Crête de
Capu â Rughia
Rughia
d'Albia
de Pettinelli
Bocca San Pedru
Liaison vers Cristinacce
Berg. d'Albia
0
500 m
Carte IGN 4251 OT

Des bergeries d'E Radule à une intersection

30 mn

Au Castel de Vergio : aire de bivouac aménagé

29 Après le petit ruisseau d'**E Radule**, laisser à droite la liaison qui monte vers Bocca di Verghju. Le chemin pénétre dans la forêt de Valdu Nielu. Laisser à gauche le sentier (*balisage jaune*) qui part en courbe de niveau et rejoint le Fer à Cheval (ancien GR®) et continuer par le sentier qui remonte légèrement et arrive à **une intersection** (1345 m).

Liaison pour Evisa :

aller : 3 h — retour : 3 h 30

A Evisa : poste

A l'intersection, monter par le sentier à droite en direction de Cargèse et Ota. Il franchit Bocca di Verghju puis descend à Evisa (850 m). Itinéraire *Mare a Mare® Nord (voir topo-guide Corse, Entre Mer et Montagne)*.

Liaison pour Albertacce :

aller : 3 h — retour : 4 h

A Albertacce : médecin

A l'intersection, descendre par le sentier à gauche en direction de Corte. Il mène à Albertacce (854 m). Itinéraire *Mare a Mare Nord (voir topo-guide Corse, Entre Mer et Montagne)*.

De l'intersection au Castel de Vergio

30 mn

Au Castel de Vergio : aire de bivouac aménagé

30 A **l'intersection**, poursuivre tout droit par le sentier qui contourne le Capu di Verghju, atteint la D 84 puis descend vers **Le Castel de Vergio** (1404 m).

Du Castel de Vergio à Bocca San Petru

1 h 40

31 Le GR® 20 quitte **Le Castel de Vergio** en face du bivouac, descend légèrement et rejoint le chemin de Ronde (1332 m). Le suivre à droite. Il se maintient à la même altitude jusqu'à un embranchement caractéristique (1360 m).

32 Monter à droite par de courts lacets jusqu'à **Bocca San Petru** (1452 m).

▶ Séparation de la liaison qui permet par le sentier de transhumance, sur le versant Ouest du col, de descendre le vallon et de rejoindre la D 70 et le village de Cristinacce (*voir descriptif et tracé pages 52 et 53*).

Bocca San Petru.
Photo Pascal Leygoute.

Bocca San Pedru
GR 20
Capu di Melu
Suarciccione ou Turnatoghiu
Capu di u Lariciu
Capu di Farinetu
Foce Laninca
Liaison
Capu di Milone
Cristinacce
Riv. de Tavulella
Ravin de Parata
Ravin de Quercetu
Berg. de Bartoli
Berg. de Capelacce
Piazzilellu Berg.
Berg. de l'Aghiarella
Berg. de Forcioli
Berg. de Ciuttarre
Sce de Macciochi
Sce de Corna
Sce de Sambuche
Sce de Navacchie
Sce de la Mente
Ravin de Pane Caldu
d'Albia
Pettinelli
Aculaghiu
Fughicchie
Faeta
Vignale
Fne de Cura
R. N.
D 70
0
500 m
Carte IGN 4251 OT
A
B
C
D

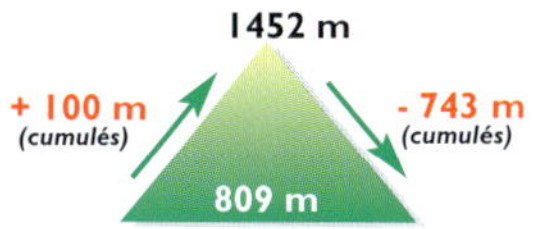

De **Bocca San Petru** à **Cristinacce**

aller : 3 h 30 | retour : 4 h

De Bocca San Petru à Foce Laninca

1 h 20

A Sur le versant Ouest de **Bocca San Petru**, suivre le GR® 20 sur quelques mètres puis descendre à droite par le sentier de transhumance. Traverser un bosquet, gagner un éperon, dévaler la pente en courts lacets, puis franchir le ruisseau de Faeta. Le sentier continue puis, en remontant légèrement, atteint la crête à **Foce Laninca** (1163m).

De Foce Laninca à la D 70

1 h 20

B Quitter **Foce Laninca** en longeant la crête à droite. La laisser à gauche et continuer à niveau dans la pente. Passer la source de Sambuche, franchir trois thalwegs et atteindre une épaule (1250 m).

C Descendre le long de l'épaule en courts lacets, traverser le ruisseau d'Erbaghiu puis le suivant et atteindre un lacet de **la D 70** (950 m).

De la D 70 à Cristinacce

50 mn

D Emprunter **la D 70** à droite et descendre jusqu'à **Cristinacce** (809 m).

La châtaigne

Située entre 600 et 850 m d'altitude, principalement dans la région d'Evisa, de Vico, du Niolu, de Bocognanu et bien sûr en Castagniccia, la châtaigneraie a toujours été une pièce maîtresse de l'économie rurale de la Corse. Elle a contribué jusqu'au premier tiers du 20e siècle à subvenir aux besoins alimentaires de l'île, la préservant de la famine lors des dernières guerres. À l'image des cultures céréalières de moyenne montagne, la châtaigneraie a subi de plein fouet les effets de la déprise agricole.
C'est un projet conduit par le Parc, alliant développement économique et traditions, qui a permis de valoriser à nouveau ce produit tombé en désuétude. Aujourd'hui, la châtaigne se décline sous de multiples formes : la typique pulenta, les briuli, à base de farine, les confitures et marrons glacés, les liqueurs et les bières corses. Ainsi, sa culture, fruit de la tradition et de la modernité, a enfin retrouvé sa vocation initiale, celle de faire vivre avec bonheur la Corse de l'intérieur.

GR 20
32
33
34
35
Orat.
Bocca San Pedru
Liaison vers Cristinacce
Sentier de Ronde
Rau de San Pedru
Ravin de Mezzanotte
de Gialliccone
Cuccagna
Valdu
Berg. de Custole
Terricci
Serra San Tomaghiu
u Tritore
Capu a u Tozzu
Berg. de Colga
Berg. d'Arenucciu
Bocca â Stazzona
Capu â Curia
Lac de Nino
Ravin
Bocca â Reta
Corbari
Rau de Fughicchie
Berg. de Fughicchie
Aculaghiu
Capu di u Lariciu
Sce de la Mente
Faeta
Liamone
Capu a è Furcelle
0
500 m
Carte IGN 4251 OT

Les lacs d'altitude

Joyaux de la montagne, lieux d'estive fréquentés par les bergers depuis des siècles, recherchés par les pêcheurs et les randonneurs depuis quelques décennies, les lacs de Corse présentent une grande diversité. D'origine glaciaire (14 000 ans), la majorité des lacs se situent dans l'étage sud alpin entre 1 700 et 2 200 m d'altitude. Leur nombre varie selon les critères pris en compte : une quarantaine, et seulement une dizaine si l'on se fonde sur une profondeur supérieure à cinq mètres (Ninu, Melo, Goria Capitello, Crenu).
Ils étaient pratiquement ignorés des scientifiques jusqu'en 1980. Sous l'égide du Parc, une équipe pluridisciplinaire se lance alors dans les premières études. Ce premier suivi avait également permis d'évaluer l'impact de la fréquentation touristique sur ces milieux naturels. Ainsi, se développait une réelle prise de conscience quant à la nécessité de protéger ces perles de la Corse ; le Parc décidait alors avec l'aide des communes concernées de prendre en charge la gestion de ces espaces naturels.

De **Bocca San Petru** à **la fontaine di u Lavu di Ninu** 2 h

Bocca San Pietru : petit oratoire.

33 De l'autre côté de **Bocca San Petru**, utiliser au Sud-Est, l'antique chemin muletier qui suit la crête de Serra San Tumasgiu à travers la hêtraie et atteint Bocca a Reta (1883 m).
34 Franchir le col, contourner Capu à u Tozzu sur son versant Sud-Ouest et descendre, en lacets, jusqu'au Lavu di Ninu. En direction du Sud-Est, rejoindre **la fontaine di u Lavu di Ninu** (1760 m).
▶ Camping interdit.

Lavu di Ninu. *Photo Pascal Leygoute.*

PARK
Liaison vers Corte
Liaison vers Soccia
GR 20
35
36
37
38
39
Tavignano
Lac de Nino
l'Inzecche
Ravin de
Ravin de Tilaghiu
Fl.
Rau de Giova
Berg. de Lenze
Pianu di Campotile
Bocca d'Acqua Ciarnente
Berg. de Vaccaghia
Valle
Rau de
Campuncellu
Ravin de
Pizzu Guardu
Rau de
Berg. de Pizzolo
Cimatella
Forbice
Capu a e Furcelle
Capu a u Prunu
0
500 m
Carte IGN 4251 OT
Refuge de Manganu

De la fontaine di u Lavu di Ninu aux bergeries de Vaccaghja

1 h 15

35 Quitter **la fontaine di u Lavu di Ninu** en restant à la limite des aulnes (*source*) et suivre la rive droite du Tavignanu.
Le Tavignanu, qui prend sa source au-dessus du lac, est le deuxième fleuve de Corse.
▶ Attention : éviter de marcher sur les pozzines ! Ces formations végétales non dégradées sont fragiles et demandent à être respectées : rester sur le sentier. Bivouac strictement interdit.
Le sentier passe une large croupe avant de descendre au Sud-Est.
36 Franchir un petit ruisseau secondaire sur un vaste replat (*vestiges de l'ancien refuge de Campiglione*), puis se diriger à travers une forêt de vieux hêtres sculptés par le temps. Après une petite montée, arriver aux **bergeries de Vaccaghja** (1568 m ; *vente de fromages*).
▶ Séparation de la liaison qui permet de rejoindre le refuge A Sega puis Corte (*voir descriptif et tracé pages 58 et 59*).

Des bergeries de Vaccaghja à Bocca d'Acqua Ciarnente

30 m

37 Aux **bergeries de Vaccaghja**, descendre sur le Pianu di Camputile et, par une petite montée, atteindre la ligne de partage des eaux à **Bocca d'Acqua Ciarnente** (1568 m ; *limite de la Haute-Corse et de la Corse du Sud*).

De Bocca d'Acqua Ciarnente au refuge de Manganu

15 mn

Au refuge de Manganu : petit ravitaillement, bivouac aménagé

38 Franchir **Bocca d'Acqua Ciarnente**. Le sentier monte au Sud-Est, franchit un torrent sur une petite passerelle et atteint le **refuge de Manganu** (1601 m).

Hors GR tour des lacs : 6 h A/R
Randonnée assez facile. Carte IGN utile Top25 4251 OT.
Du **refuge de Manganu**, redescendre à Bocca d'Acqua Ciarnente et laisser le GR® 20 à gauche. Le sentier cairné, à droite, passe aux bergeries de Lenze, contourne la Punta di a Femina Morte, puis atteint le lavu di Goria, la brèche de Goria, le lavu di Capitellu (*vue sur le lavu di Melu*). Un balisage jaune remonte ensuite vers la Punta a e Porte et le sentier GR® 20.

Hors GR pour le lavu di Crenu : 5 h A/R
Randonnée facile. Carte IGN utile Top25 4251 OT.
Le lavu di Crenu est le seul lac corse situé en pleine forêt. Il est possible d'y observer de remarquables nénuphars. Informations auprès du Parc régional, présent sur le site.
Utiliser le descriptif de la liaison Manganu-Soccia, page 61.

Chèvres près des bergeries de Vaccaghja. *Photo Pascal Leygoute.*

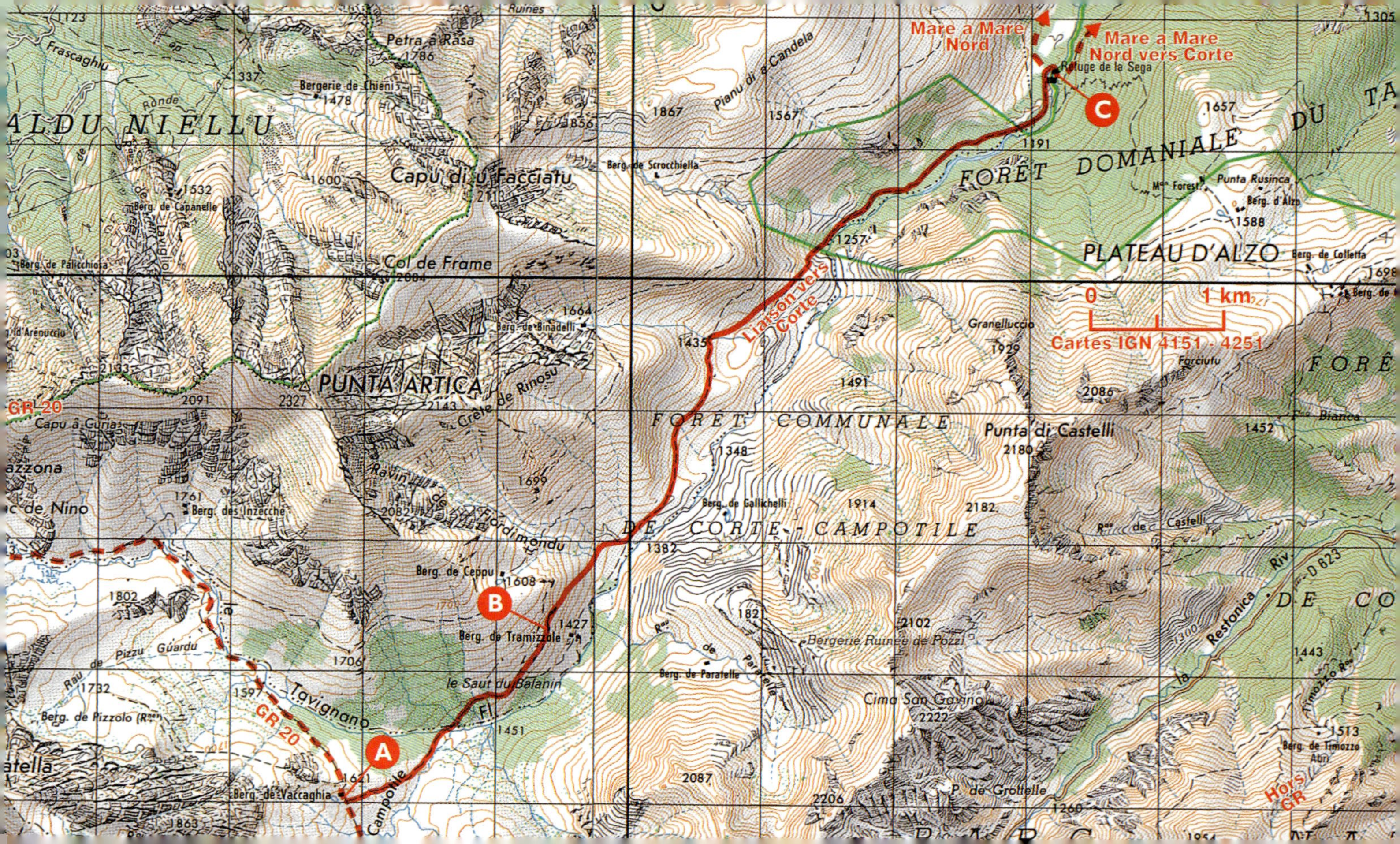
Mare a Mare
Nord
Mare a Mare
Nord vers Corte
Refuge de la Sega
C
B
A
GR 20
Liaison vers
Corte
Hors
GR
0
1 km
Cartes IGN 4151 - 4251
FORÊT DOMANIALE DU TA
PLATEAU D'ALZO
FORÊT COMMUNALE DE CORTE - CAMPOTILE
PUNTA ARTICA
Capu di u Facciatu
Col de Frame
Punta di Castelli
Cima San Gavinu
Berg. de Tramizzole
Berg. de Ceppu
Berg. de Vaccaghja
le Saut du Balanin
Tavignano
Campotile
la Restonica
ALDU NIELLU
Petra a Rasa
Bergerie de Chieni
Granelluccio
Forciulu
Punta Rusinca
Berg. d'Alzo
Berg. de Colletta
Berg. de Scrocchiella
Pianu di e Candela
Berg. de Binadelli
Crete de Rinosu
Ravin de Fordimondu
Berg. de Gallichelli
Bergerie Ruinée de Pozzi
Berg. de Paratelle
P. de Grottelle
Berg. de Timozzo
Berg. de Pizzolo
Pizzu Guardu
Berg. des Inzecche
Capu à Cunaia
Berg. de Capanelle
Berg. de Palicchiola

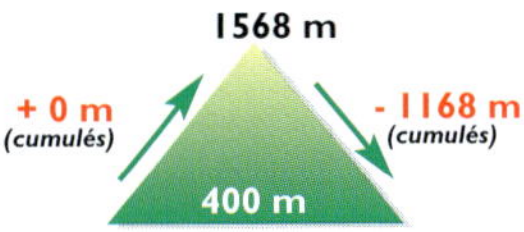

Des **bergeries de Vaccaghja** à **Corte**

aller : 7 h 30 | retour : 9 h

▶ Cette liaison permet de rejoindre Corte (*tous services*) et une gare.

Des bergeries de Vaccaghja au refuge A Sega — 3 h 30

Au refuge d'A Sega :

A Aux **bergeries de Vaccaghja**, descendre à gauche et franchir à gué le Tavignanu. Suivre la rive gauche et passer par les bergeries de Tramizzole (1427 m).

B Continuer sur la rive gauche de la vallée, puis emprunter la passerelle pour traverser une deuxième fois le Tavignanu, à proximité du **refuge A Sega** (1166 m).

▶ Jonction avec l'itinéraire *Mare a Mare® Nord* (*voir topo-guide Corse, Entre Mer et Montagne*).

Du refuge A Sega à Corte — 4 h

A Corte : taxi, médecin, poste

C Au **refuge A Sega**, continuer à descendre en forêt. Franchir à nouveau le torrent et suivre sa rive gauche jusqu'à la citadelle de **Corte** (400 m).

Corte

Corte, située au cœur géographique de l'île à la pointe d'un éperon rocheux, possède la seule citadelle, datant du 15e siècle, construite à l'intérieur des terres. Riche de ses deux sites d'une beauté sauvage, la vallée de la Restonica (Grand site classé) et les gorges du Tavignanu, la ville recèle des trésors d'architecture ainsi qu'une richesse historique et culturelle peu commune. Ancienne capitale de la Corse indépendante de 1755 à 1769, elle fut le siège politique et administratif d'une nation fondée par Pasquale Paoli qui dota son pays d'une constitution démocratique. Ce dernier créa aussi l'Université de Corse à Corte qui fonctionna de 1765 à 1790... pour rouvrir ses portes quelques siècles plus tard en 1981. Corte est aujourd'hui l'unique ville universitaire de Corse. Elle abrite aussi le Musée Régional d'Anthropologie, création contemporaine au cœur de la citadelle, qui propose une découverte des savoir-faire traditionnels à travers des objets usuels de la population corse.

Citadelle. *Photo Pascal Leygoute.*

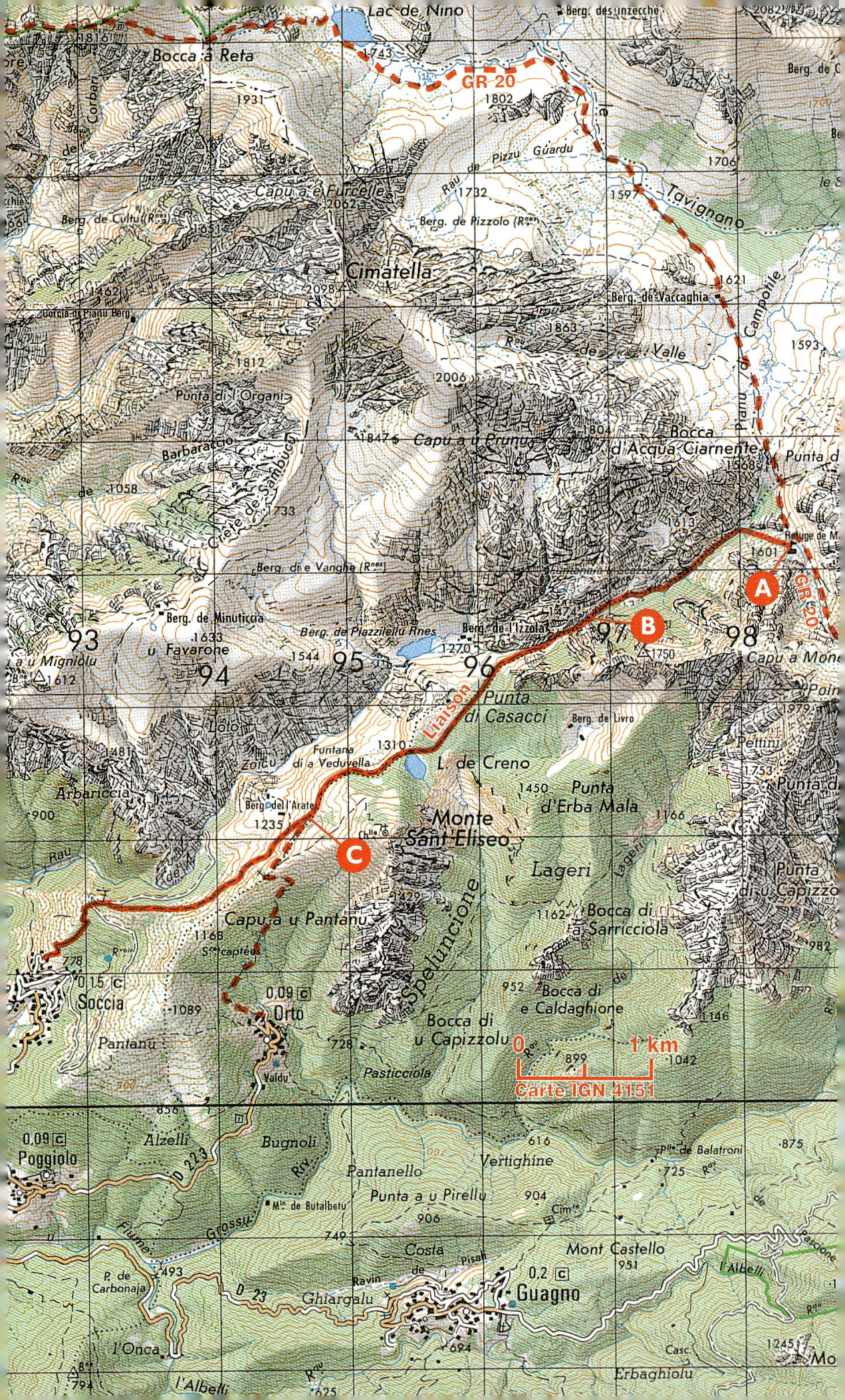

Lac de Nino
Bocca à Reta
GR 20
Capu a e Furcelle
Cimatella
Tavignano
Berg. de Vaccaghia
Valle
Punta di l'Organi
Barbaracciu
Capu a u Prunu
Bocca d'Acqua Ciarnente
Refuge de M
Berg. de Minuticcia
u Favarone
Berg. de Piazzilellu
Berg. de l'Izzola
Liaison
Punta di Casacci
L. de Creno
Punta d'Erba Mala
Monte Sant'Eliseo
Lageri
Capu a u Pantanu
Speluncione
Bocca di a Sarricciola
Soccia
Orto
Bocca di u Capizzolu
Bocca di e Caldaghione
0
1 km
Carte IGN 4151
Poggiolo
Alzelli
Bugnoli
Pantanello
Vertighine
Punta a u Pirellu
Mont Castello
Guagno
Ghiargalu
Costa
l'Onca
Erbaghiolu
A
B
C

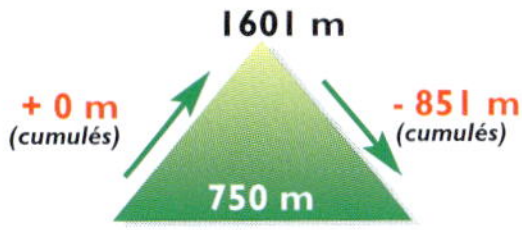

Du refuge de Manganu à Soccia
aller : 2 h 30 retour : 4 h

Du refuge de Manganu à Soccia 2 h 30

A Soccia : épicerie ambulante

A Au **refuge de Manganu**, partir vers l'Ouest jusqu'au ruisseau de Zoïcu. Passer sur la rive droite et descendre jusqu'à la passerelle.

B Poursuivre sur la rive gauche pendant 10 mn avant d'atteindre le lavu di Crena (1310 m).

Le lavu di Crena est le seul lac corse situé en pleine forêt. Il est possible d'y observer de remarquables nénuphars. Informations auprès du Parc régional, présent sur le site.

Atteindre un embranchement (1275 m).

C Laisser à gauche le sentier qui conduit au village d'Ortu et prendre à droite celui qui descend à **Soccia** (750 m).

► Jonction avec la variante (Corte - Cargèse) de l'itinéraire *Mare a Mare*® *Nord* (*voir topo-guide Corse, Entre mer et montagne*).

Soccia

Soccia, ancien chef-lieu de canton correspondant à l'ancienne *pieve in sù*, fait aujourd'hui partie intégrante du canton des deux *sorrù* (chef-lieu : Vico). 120 habitants permanents vivent dans ce petit village environné d'une vaste chênaie et d'une remarquable châtaigneraie ; un moulin à châtaignes y fonctionne régulièrement. La paroisse Santa Maria Delle Grazie, datant de 1713, abrite un triptyque du 15e siècle, récemment restauré. Le torrent Zoicu, qui dévale des Punta Alle Porte (2300 m), alimente le territoire et rejoint ensuite le Fiume Grossu, puis le Liamone, très prisé pour les baignades. A proximité des thermes de Gagno-les-Bains, le village est également le point de départ de randonnées multiples, diverses et exceptionnelles : les lacs (Crena : 2 h A/R, Ninu et Goria : 9 h), les crêtes (Minuticcia et Cimatelle) ; par temps clair on y distingue la Sardaigne. C'est enfin un lieu privilégié de pêche et de chasse (sanglier, pigeons, perdrix).

Photo PNRC.

Bocca d'Acqua Ciarnente
Punta di a Femina Morta
Liaison vers Soccia
GR 20
39
Refuge de Manganu
Zoicu
Capu à Moneta
LAC DE GORIA
0 500 m
Carte IGN 4251 OT
Brèche de Goria
Bocca di u Chiostru
LOMBARDUCCIO
Anc. Berg. de Melo
CAPITELLO
CAPU A I SORBI
POINTE DES SEPT LACS
LAC DE CAPITELLO
40
Brèche de Sorbo
41
Brèche de Capitello
LAC DE MELO
44
PUNTA ALLE PORTA
Punta di l'Arinella
CRÊTE DE RINELLA
42
43
Bocca a Soglia
Pettini
Punta di Casca Degna
Rinella

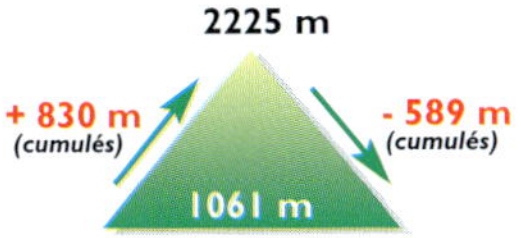

Du refuge de Manganu au refuge de Petra Piana

aller : 6 h 30 | retour : 6 h (pages 62 à 65)

▶ Quelques névés persistent en début de saison, que ce soit en face Nord ou en face Est. Une corde légère, des crampons et un piolet peuvent être nécessaires.
▶ Se munir d'eau : la seule source se trouve au pied des éboulis de Bocca à e Porte.

Du refuge de Manganu à Bocca à e Porte (brèche de Capitellu)

2 h 45

39 Au **refuge de Manganu**, passer le ruisseau et remonter en direction du Sud-Est. Franchir une barre rocheuse, traverser un petit plateau de pozzines, puis continuer l'ascension jusqu'à un cirque dont le fond est occupé par un petit lac (1969 m).
40 Par une dernière et raide montée à travers rochers et pierriers (*source dans les derniers aulnes*), le GR® 20 atteint **Bocca à e Porte**, appelée aussi brèche de Capitellu (2225 m).
La brèche offre une vue extraordinaire sur les lacs de Melu et Capitellu.

De Bocca à e Porte à une brèche

30 mn

41 A partir de **Bocca à e Porte**, le terrain devient plus escarpé et l'itinéraire pénètre dans une zone particulièrement rocheuse. Descendre par la ligne de crête pour rejoindre **une brèche** située au Sud du lac de Capitellu et à l'Est de la Punta à e Porte (2000 m).
▶ Départ d'une bretelle qui descend au Nord (30 mn) jusqu'au lac de Capitellu (*balisage jaune*). Possibilité de rejoindre le lac de Melu et les bergeries d'E Gruttelle.

Réhabilitation du refuge de Manganu

Le refuge de Manganu a fait l'objet en 2001 d'une réhabilitation totale afin d'accroître la sécurité et le confort des randonneurs. Outre la rénovation complète du bâtiment et sa mise aux normes, la capacité d'accueil est passée de 26 à 31 places. Cette opération constitue la phase exemplaire d'un important programme de mise à niveau par le PNRC des infrastructures de randonnée sur le sentier GR® 20. Ce refuge est aussi le premier à bénéficier d'un système de tri sélectif en montagne, unique en Corse.

Lac de Capitellu. *Photo Photo Pascal Leygoute.*

Berg. de Grottelle
1370
Liaison
PUNTA GROTTELLE
2277
1904
Cavacciole
2161
2456
Cabelle
1700
Anc. Berg. de Melo
1987
CCIO
1531
2015
LAC DE CAVACCIOLE
2442
PUNTA GALIERA
2166
PUNTA MUFR
2590
MONTE DI GIOVAN PAOLO
Rinoso
2238
1847
1711
LAC DE SCAPUCCIOLI
2338
2123
0
500 m
Carte IGN 4251 OT
LAVU BELLEBO
LAC DE MELO
44
A MANICCIA
2519
LAC DE RINOSO
2065
2496
2082
1871
1960
2170
Col de Rinoso
46
2448
2425
2355
Bocca Muzzella
45
GR 20
43
2206
PUNTA MUZZELLA
2342
2042
Misogi
2314
2125
Bocca Soglia
2052
2225
2281
Stazzanelli
2238
2014
Laggiarello
Valle di Petra Piana
1988
1891
2056
1848
1842
47
48
Refuge de Pet
PNRC
1863
1861
Caracuto
Source Belle Cave
49
D E C O R S
Catalina
1612
GR 20
1887
Bergeries de Gialgo
1609
1655
Costa di Catalina
1800
Bocca Manganello
1476
1403
Variante
1383
Fre de Stazzanelli
1453
1874
Liaison vers Guagno
Bergeries de Caracuto
POINTE MURA
1242
1696
1921
1219
Bergeries de Bassitone
Abri du Parc
Braghe
a l'Orsa berg. Rnées
1099
1531
Tassiccione
1972

De la brèche à Bocca à a Soglia 45 mn

42 De **la brèche**, continuer par l'arête sur le versant Sud jusqu'à **Bocca à a Soglia** (2052 m).
► Départ d'une bretelle qui descend au Nord jusqu'au lac de Melu (1710 m ; *balisage jaune*).

De Bocca à a Soglia à Bocca Rinosa 1 h 10

43 A partir de **Bocca à a Soglia**, le GR® 20 revient sur le versant Nord de l'arête. Longer la Punta Muzzella, en courbe de niveau, tout en dominant le lac de Melu, pour arriver au pied d'une pente raide couverte d'aulnes.
44 La gravir en direction du Sud-Est pour accéder à **Bocca Rinosa** (2150 m).

Brèche située au Sud du lac de Capitellu. *Photo PNRC.*

De Bocca Rinosa à Bocca Muzzella 20 mn

45 Descendre sur le versant Est de **Bocca Rinosa** et passer au-dessus des petits lacs du Rinosu. Les laisser à gauche, longer le pied des escarpements Nord de la Punta Muzzella et atteindre, sur la droite, le col de **Bocca Muzzella** (2206 m), appelé aussi Bocca Impetrata ou col de la Haute-Route.

De Bocca Muzzella au refuge de Petra Piana 1 h

Au refuge de Petra Piana : bivouac aménagé

46 Sur le versant Sud de **Bocca Muzzella**, l'itinéraire descend vers la gauche (Sud-Est) en traversant les pentes Sud de la Maniccia, un peu au Nord de Bocca di Manganellu.
47 Vers l'altitude 2050, traverser une nouvelle fois l'arête pour gagner sur le versant Est, le petit plateau herbeux sur lequel se trouve le **refuge de Petra Piana** appelé aussi Fabrikant (1842 m).

Hors GR pour le Monte Ritondu : 5 h A/R
Du **refuge de Petra Piana**, traverser le ruisseau et le suivre jusqu'au petit plateau herbeux (1960 m). S'élever au Nord-Est, en nombreux lacets, par une pente assez soutenue, puis s'engager dans un couloir très raide mais facile au Nord-Est pour atteindre une brèche (2260 m). La franchir, descendre de 20 m pour monter vers la gauche et au Nord en direction du lac de Bellebone ou Batanielli (2321 m). Contourner le lac par la droite, traverser le déversoir puis grimper dans un large couloir d'éboulis d'abord par le Nord, puis par le Sud-Est jusqu'à la première arête. Prendre à gauche au Nord pour rejoindre le Fer de Lance qui sert de repère (2480 m) et se maintenir toujours à gauche de l'arête. Après avoir contourné quelques escarpements rocheux, gravir le sommet (2622 m ; *abri Helbronner sommaire à quelques mètres en contrebas*).
Le Monte Rotondu est l'un des sommets les plus élevés de Corse.
Randonnée facile. Carte IGN utile Top25 4251 OT.

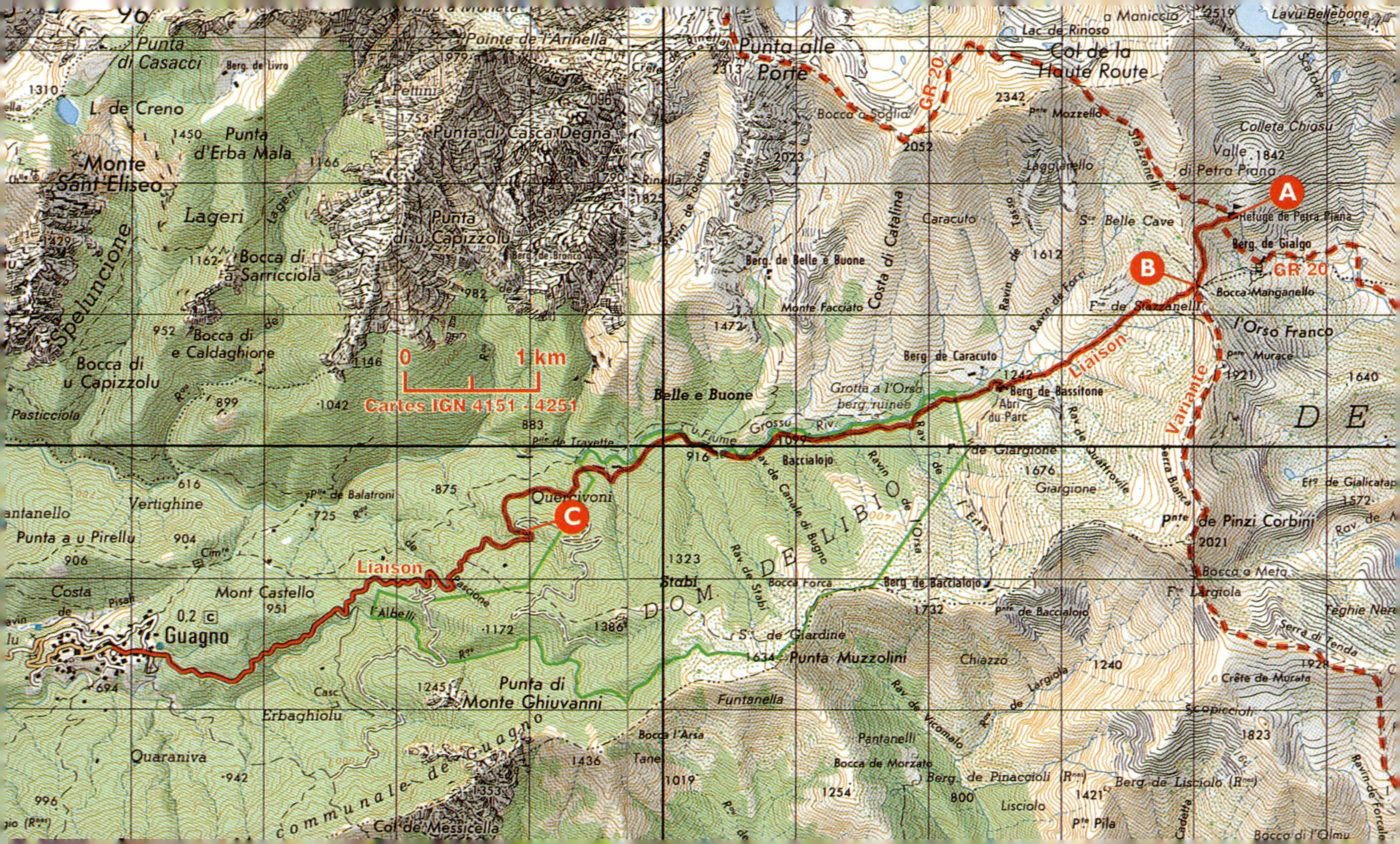
A
B
C
GR 20
Variante
Liaison
0
1 km
Cartes IGN 4151 - 4251
Punta alle Porte
Col de la Haute Route
Refuge de Petra Piana
Bocca Manganello
l'Orso Franco
Berg. de Bassitone
Belle e Buone
Grotta a l'Orso
Baccialojo
Quercivoni
Guagno
Mont Castello
Punta di Monte Ghiuvanni
Punta Muzzolini
Punta di Casca Degna
Punta di u Capizzolu
Monte Sant Eliseo
Spelunciore
Lageri
Bocca di a Sarricciola
Bocca di e Caldaghione
Bocca di u Capizzolu
Punta di Casacci
L. de Creno
Punta d'Erba Mala
Pointe de l'Arinella
Costa di Catalina
Monte Facciato
Caracuto
Berg. de Caracuto
Pte de Pinzi Corbini
Serra Bianca
Bocca a Meta
DOM DE LIBIO
Col de Messicella
Vertighine
Punta a u Pirellu
Erbaghiolu
Quaraniva
Funtanella
Pantanelli
Bocca de Morzato
Chiazzo

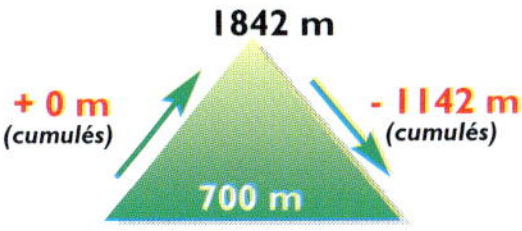

Du refuge de Petra Piana à Guagnu

aller : 3 h 30 retour : 5 h 30

Au refuge de Petra Piana. *Photo PNRC.*

Du refuge de Petra Piana à Bocca di Manganellu

30 mn

A Au **refuge de Petra Piana**, se diriger au Sud-Ouest, descendre légèrement et franchir **Bocca di Manganellu** (1800 m).

De Bocca di Manganellu à Guagnu

3 h

A Guagnu :

B Sur le versant Ouest de **Bocca di Manganellu**, le sentier descend rapidement dans la vallée du Caracutu, atteint les bergeries de Bassitone, laisse à droite celles du Caracutu et longe le fiume Grossu. Il quitte le fleuve pour remonter et rejoindre une piste forestière.

C L'emprunter à droite pour rejoindre **Guagnu** (700 m).

▶ Jonction avec la variante (Corte - Cargèse) de l'itinéraire *Mare a Mare® Nord* (*voir topo-guide Corse, Entre mer et montagne*).

Guagnu

Niché en terrasse au cœur d'une châtaigneraie, le village, divisé en quartiers où les maisons s'entremêlent, domine la vallée de l'Albani et le Fiume Grossu, très prisé pour ses baignades. Quelques cafés ouverts témoignent du maintien de liens sociaux encore tenaces. Remarquable par l'harmonisation des habitats et de leurs rénovations dans le style traditionnel, ce village typique compte une centaine d'habitants fortement attachés à leurs coutumes, leur identité et leur histoire. On y chante encore la mémoire du curé Dumencu Leca dit " Circinelli " : farouche partisan de la Corse libre quand éclate la guerre d'indépendance menée par Pasquale Paoli, il refusera de se soumettre au pouvoir royal de Louis XV après la défaite des indépendantistes à Ponte Nuovu en 1769. La petite histoire raconte qu'il périt dans une grotte, serrant son fusil dans une main, son crucifix dans l'autre…

GR 20
48
Refuge de Petra Piana
49
50
Liaison vers Guagno
Bocca Manganello
POINTE MURACE
Orso Franco
Variante
PTE DE PINZI CORBINI
Etang de Gialicatapiano
Bocca a Meta
SERRA DI TENDA
Rav. de Manganello
Rav. de Manca
Teghie Nere
Costa Gialgone
0
500 m
Carte IGN 4251 OT réduite de 7%
Terriccione
CAPU A META
Bocca Mazzola
Scopiccioso
PUNTA DI L'ALTORE
FORÊT
Bocca d'Oreccia
Bocca di Frati
51
52
Mare Nord
Refuge de l'Onda
Bergeries de l'Onda
53
Grottaccia

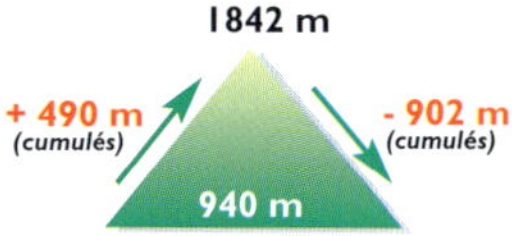

Du refuge de Petra Piana au refuge de L'Onda

aller : 4 h 50 retour : 5 h 15 *(pages 68 à 71)*

▶ Cette étape est réalisable par deux itinéraires : soit par les crêtes (*variante décrite pages 70 et 71*), soit par la vallée. La variante est déconseillée en début de saison : des couloirs enneigés et quelques gros névés peuvent subsister.

Du refuge de Petra Piana à la passerelle de Tolla

3 h

48 Du **refuge de Petra Piana**, le GR® descend à travers les aulnes jusqu'aux bergeries de Ghjalgu (1609 m ; *petit ravitaillement, vente de fromages*).

49 Continuer la descente, franchir le ruisseau de Manganellu (1440 m) puis atteindre une intersection.

50 Quitter le sentier qui remonte pour descendre au Sud par un petit ravin, rejoindre le Manganellu et le longer en rive gauche (*source à proximité*). Le sentier traverse les ravins de Tribali, de Giorgino et aboutit à la bergerie de Tolla (1011 m ; *petit ravitaillement, vente de fromages*).

51 Prendre l'ancien chemin d'exploitation forestière qui conduit à travers une forêt de pins laricio à **la passerelle de Tolla** (940 m).

Liaison pour Tattone : aller : 4 h retour : 4 h

A Tattone : médecin

Franchir l**a passerelle de Tolla** et suivre à gauche (Est) le chemin d'exploitation qui descend dans la vallée jusqu'à Canaglia (*ravitaillement, restaurant*).

Ruines du fort bâti en 1770 par les Français. Transformé en prison sous le Consulat, les rebelles du Fiumorbu y furent enfermés.

De là, emprunter la D 23 pour gagner la gare de **Tattone** (720 m ; *itinéraire Mare a Mare® Nord, variante Corte - Cargèse ; voir topo-guide Corse, Entre Mer et Montagne*).

De la passerelle de Tolla au refuge de l'Onda

1 h 50

Au refuge de l'Onda : petit ravitaillement, bivouac aménagé

52 Franchir **la passerelle de Tolla** et se diriger à droite (Ouest) pour remonter, en rive droite, le Gruttaccia (*source après 30 mn à partir de la passerelle*). Franchir le ruisseau et continuer par le sentier qui reprend son ascension sous une hêtraie pour atteindre le **refuge de l'Onda** (1430 m).

Les bergers

Face à la désertification des villages de l'intérieur, les savoir-faire ancestraux, qui ont accompagné la vie pastorale de l'île depuis des temps immémoriaux, qui ont régi entre autres, les lois de la fabrication du fromage et du brocciu, transmises de génération en génération comme une sorte de secret fragile pour une alchimie subtile entre technique et magie, sont encore là pour nous rappeler que l'impossible existe et qu'il faut donc à la fois y croire mais aussi y renoncer.

Photo PNRC.

Refuge de Petra Piana
PNRC
Source Belle Cave
O R S E
Bergeries de Muracciolì
Bergeries de Gialgo
Liaison vers Guagno
Bocca Manganello
GR 20
Fne de Stazzanelli
de Manganello
POINTE MURACE
l'Orso Franco
Variante
Serra Bianca
Etang de Gialicatapiano
Berg. Rnes de Giolicatapiano
Nere
Teghie
PNTE DE PINZI CORBINI
Rav. de Manca
Bocca a Meta
Fontaine Largiola
Teghie Nere
SERRA DI TENDA
Bocca Mazzola
CAPU A METÀ
CRÊTE DE MURATA
Terriccione
Inzecche
Scopiccioli
PUNTA DI L'ALTORE
Bergeries de Lisciolo
0
500 m
Carte IGN 4251 OT
Bocca d'Oreccia
Mare a Mare (variante)
Bergeries de l'Onda
Bergerie de Tarricione
Coste
Bocca di l'Olmu
Refuge de l'Onda
PNRC
A
B
C
D

Variante par les crêtes : aller : 3 h 30 retour : 4 h

▶ Cette variante est déconseillée en début de saison : des couloirs enneigés et quelques gros névés peuvent subsister.
▶ Attention : pas d'eau sur ce parcours.

Du refuge de Petra Piana à Bocca di Manganellu 30 mn

A Du **refuge de Petra Piana**, se diriger au Sud-Ouest, descendre légèrement à l'altitude 1750, puis suivre la crête en direction du Sud et atteindre **Bocca di Manganellu** (1800 m).
▶ Départ de la liaison (*voir description et tracé pages 66 et 67*) qui permet de rejoindre le village de Guagnu (*balisage jaune*).

De Bocca di Manganellu à Bocca d'Oreccia 2 h 45

B De **Bocca di Manganellu**, gagner par l'arête la Punta Murace (1921 m). Le sentier continue par les crêtes jusqu'à la Punta di i Pinzi Curbini (2021 m). Redescendre à Bocca a Meta (1890 m).
C A partir de ce col, le tracé passe sur le versant Nord-Est qu'il traverse à niveau en revenant progressivement vers la crête. Par un passage assez raide, gagner une brèche. Le sentier suit à partir du point coté 1957 la Serra di Tenda, passe sous le Capu à a Meta, puis descend graduellement à **Bocca d'Oreccia** (1427 m).
▶ Jonction avec la variante de l'itinéraire *Mare a Mare® Nord* (*balisage orange*). Les deux itinéraires sont communs jusqu'au refuge de l'Onda.

De Bocca d'Oreccia au refuge de l'Onda 15 mn

Au refuge de l'Onda : petit ravitaillement, bivouac aménagé

D A **Bocca d'Orreccia**, remonter sur une croupe herbeuse (point coté 1468) pour rejoindre le **refuge de l'Onda** (1430 m).

L'aigle royal

L'aigle royal (acula) est un grand rapace au plumage sombre, avec des ailes longues et étroites (envergure : 190-227 cm). En Corse, sa population se répartit le long de la chaîne centrale, de la Haute-Balagne à l'Ospédale, entre 500 et 2 500 m d'altitude, dans le massif de la Montagne de Cagna au Sud, mais également dans des massifs isolés (Cap Corse, Tenda, Castagniccia). L'île compte actuellement une trentaine de couples qui n'élèvent qu'un jeune pour une ponte de deux œufs. Le nid, volumineux, est bâti sur une vire ou dans une grotte, en moyenne à 900 m d'altitude. La période d'envol des jeunes s'étale de mi-juin à début août. L'aigle royal se nourrit principalement de mammifères de taille moyenne, de couleuvres et d'oiseaux.

Bocca d'Oreccia
1427
GR 20
Var.
Bergeries de l'Onda
Refuge de l'Onda
PNRC
53
1328
1400
1163
Grottaccia
1460
1471
1385
1512
1615
1742
1594
1470
1334
1420
1652
1533
1926
PUNTA MARENCINA
1715
PETIT LAC D'ORO
1563
1770
1681
Bocca Nardona
1765
PUNTA RE
1684
1848
1620
0
500 m
Carte IGN 4251 OT
2058
2000
1955
2129
1921
1806
LAC D'ORO
1970
2175
2161
2190
1931
Bocca di Porco
B
C
2159
Pratu Scampicciolu
A
1970
2064
GR 20
Variante
2289
2389
MONTE D'ORO
2141
Pnte MURATELLO
54
2234
1907
Bocca Muratello
2119
2019
2246
2054
CASA
2103
1698
1938
Pnte MIGLIARELLO
2254
1788
Bajalde
1680
1934
1808
1858
PUNTA CANCELLONE
2120
Bocca di Funtanella
1894
1756
55
GR 20
1694
1435
56
1647
1364
1392
de Torletto
Fenose e Spade Lago
1264
1595
1481
1208
1638
1364
Bergeries de Porteto
1466
1561
1457
PUNTA ALLA CORBAJOLA
1126
1399
1133
1632
PUNTA DEL CEPPO
1367
1305
1325
1112

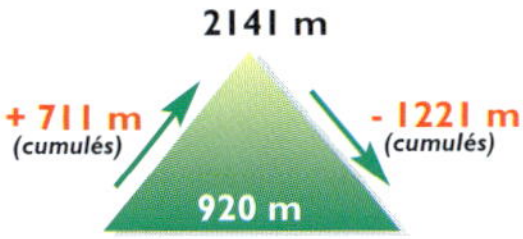

Du refuge de L'Onda à Vizzavona

aller : 6 h 05 retour : 6 h 40 *(pages 72 à 75)*

▶ Après la Punta Muratellu, possibilité d'emprunter une variante qui passe par le Monte d'Oru. L'étape est alors de 7 h 50.

Du refuge de l'Onda à la Punta Muratellu — 2 h 20

53 Le GR® 20 quitte le **refuge de l'Onda** et s'élève vers l'Ouest pour gagner l'arête issue de la Punta Muratellu. La suivre au Sud et, par une rude montée, passer sous le sommet de la **Punta Muratellu** (2141 m).

De la Punta Muratellu à un croisement — 30 mn

Passer en versant Sud de la **Punta Muratellu** et gagner un **croisement** sous la crête (2020 m).

▶ Départ de la variante *(balisage jaune)* qui passe par le Monte d'Oro *(voir description en bas de page)*.

Du croisement à la passerelle de Turtettu — 1 h 30

54 Au **croisement**, le GR® 20 descend par de larges lacets à travers des barres rocheuses dans la haute vallée de l'Agnone. Il atteint un vaste plateau parsemé d'aulnes.

55 A l'altitude 1490, passer près des ruines de l'ancien refuge. Longer le ruisseau de l'Agnone et le traverser sur la **passerelle de Turtettu** (1410 m) à proximité des bergeries du même nom.

▶ Suite du descriptif de l'itinéraire principal pages suivantes.

Variante par le Monte d'Oru : aller : 5 h retour : 6 h 30

Du croisement au Monte d'Oru — 1 h 30

A Au **croisement**, quitter le GR® 20 et prendre le sentier qui traverse horizontalement les pentes supérieures de la vallée de l'Agnone puis s'élève en direction générale Nord-Est jusqu'à Bocca di u Porcu (2159 m).

B Continuer en suivant l'arête faîtiere en direction Sud-Est puis Est et grimper ensuite dans une petite cheminée pour gagner le **Monte d'Oru** (2389 m).

U Trinighellu

« U Trinighellu » fait découvrir la Corse d'une manière originale. Ouverte en 1888, la voie ferrée emprunte un tracé qu'aucune route n'a jamais eu l'audace de recouper, entre les gorges et les sommets, au cœur de la forêt. Pas moins de dix années de travaux ont été nécessaires pour vaincre la montagne avec 230 km de parcours, 38 tunnels, 12 ponts et 34 viaducs. Gustave Eiffel participa à cette aventure et construisit le Ponte-Vecchio. Un trajet avec des paysages à couper le souffle, une vision de la Corse de l'intérieur inaccessible autrement.

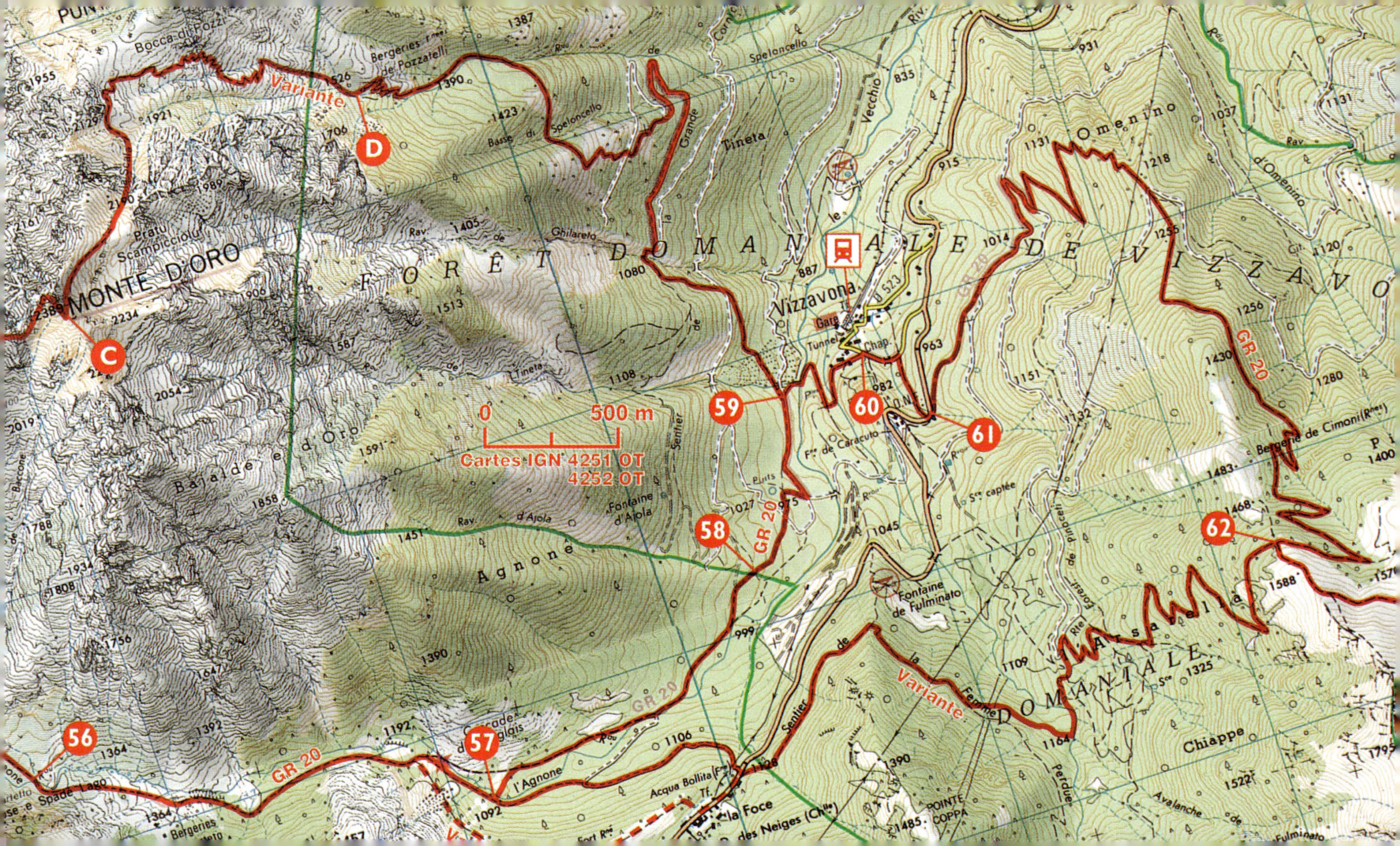

MONTE D'ORO
Bocca di Pozzi
Bergeries de Pozzatelli
Variante
Prato Scampicciolu
Basse di Speloncello
Ghilareto
FORÊT DOMANIALE DE VIZZAVONA
Vizzavona
Gare
Tunnel
Chap.
Speloncello
Vecchio
Tineta
Grande
Omenino
d'Omenino
Fre de Caracuto
Fontaine de Fulminato
Fontaine d'Ajola
Rav. d'Ajola
Agnone
Bajalde e d'Oro
Sentier
GR 20
Bergerie de Cimoni
Arsarella
DOMANIALE
Chiappe
Perdue
Avalanche de Fulminato
POINTE COPPA
Sentier de la Femme
la Foce
Acqua Bollita
Cascade des Anglais
l'Agnone
Spade Lago
Bergeries
des Neiges
0
500 m
Cartes IGN 4251 OT
4252 OT
C
D
56
57
58
59
60
61
62

Du Monte d'Oru aux bergeries ruinées de Puzzatelli — 1 h 30

C Descendre du **Monte d'Oru** par les éboulis (*itinéraire jalonné de nombreux cairns)* jusqu'au replat herbeux (direction Est) d'U Pratu Scampiccioli, puis par un couloir rocheux, atteindre les **bergeries en ruines de Puzzatelli** (1 150 m).

Des bergeries ruinées de Puzzatelli à la gare de Vizzavona — 2 h

A Vizzavona :

D Aux **bergeries ruinées de Puzzatelli**, emprunter le sentier qui pénètre en forêt, descend et rejoint une piste qui mène à la **gare de Vizzavona** (920 m).

▶ Suite de l'itinéraire principal.

De la passerelle de Turtettu aux cascades des Anglais — 45 mn

56 Après la **passerelle de Turtettu**, le sentier longe une succession de cascades et trous d'eau, puis pénètre dans la forêt.
▶ Départ, à droite, d'une première variante pour Foce di Vizzavone. Elle passe devant un fortin en ruines (*voir tracé en tirets sur la carte*).
Arriver au lieu-dit des **cascades des Anglais** (1 150 m).

Variante pour Foce di Vizzavona : aller : 30 mn retour : 35 mn

A Foce di Vizzavona :
Aux **cascades des Anglais**, une variante permet de gagner **Foce di Vizzavona** (col de Vizzavona) (1 128 m) et rejoint le GR® un peu avant Bocca Palmente en 2 h 15 *(voir tracé sur la carte)*.

Des cascades des Anglais à la gare de Vizzavona — 1 h

A Vizzavona :

57 Après les **cascades des Anglais**, franchir de nouveau l'Agnone sur un petit pont (1092 m) et suivre le sentier sur la rive gauche en direction Nord-Est.
58 Emprunter la piste forestière qui parcourt un remarquable sous-bois jusqu'à un second pont.
▶ Jonction avec la variante qui passe par le Monte d'Oro.
59 Descendre à droite jusqu'à la route et arriver à la **gare de Vizzavona** (920 m).

Vizzavona

Au début du siècle, le hameau de Vizzavona était une station touristique renommée que certains qualifiaient de Petite Suisse. Terre d'histoire également avec ses casettes (petites maisons) et ses fortins du 18e siècle. Un siècle plus tard, le célèbre bandit Antoine Bellacoscia se rendit en grande cérémonie à la justice dans la gare de Vizzavona.
Aujourd'hui, c'est encore une agréable station climatique qui offre un grand choix de promenades en forêt et de courses en montagne.

Vizzavona
Gare
Tunnel
Chap.
Variante
GR 20
58
59
60
61
62
63
64
65
Fontaine d'Ajola
F^ne de Caracuto
O.N.F.
S^ce captée
Fontaine de Fulminato
Omenino
d'Omenino
Vietale
Alzitone
d'Alzitone
Pistori
Bergerie de Cimoni
Arsarella
DOMANIALE
Forest de Pinceti
Femme
Perdue
Chiappe
Avalanche de Fulminato
Fulminato
DE VIZZAVONA
Fontaine de Palmente
Bocca Palmente
Bergeries d'Alzeta
LAC D'ALZETA
CRETE DOCULO
la Foce
N.-D. des Neiges (Ch^lle)
Acqua Bollita
Var.
POINTE COPPA
la Madonuccia (Rocher)
PUNTA GRADO
Bergeries des Pozzi
PUNTA
Marine
izzavona
Liaison vers Ghisoni
Bergeries Cardo
0
500 m
Cartes IGN 4251 OT
4252 OT

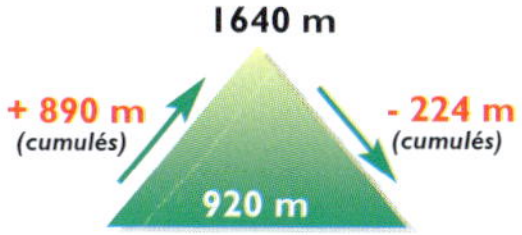

De Vizzavona au refuge d'E Capannelle

aller : 5 h 15 | retour : 4 h 50 (pages 76 à 77 et 80 à 81)

De la gare de Vizzavona à la maison forestière — 15 mn

60 De la **gare de Vizzavona**, suivre la route à droite, franchir le pont et monter par un sentier vers le Sud. Il traverse la N 193 en aval de la **maison forestière** (990 m).

De la maison forestière à Bocca Palmente — 2 h 30

61 Sous la **maison forestière**, le GR® emprunte la piste forestière qui monte en lacets pendant une heure.

▶ Bien suivre le balisage car de nombreuses pistes ONF se croisent sur le chemin.

Toujours sous le couvert forestier, le sentier prend de l'altitude pour découvrir un paysage alpestre garni de bosquets d'aulnes. Gagner l'avant-dernier lacet *(à quelques centaines de mètres, à gauche parmi les aulnes, se trouve la source de Funtana di Palmente)*. Continuer la montée.

▶ Arrivée de la variante par Foce di Vizzavona.

62 Gagner **Bocca Palmente** (1640 m).

De Bocca Palmente à la crête d'U Cardu — 1 h

63 Franchir le col **Bocca Palmente** et emprunter le chemin de ronde, qui reste pratiquement en courbe de niveau sur le versant Est, en direction des bergeries d'Alzeta. Traverser le ruisseau d'Alzitone pour arriver aux bergeries (1553 m ; *source près de la bergerie*).

64 Le sentier continue en courbe de niveau et atteint la **crête d'U Cardu** (1515 m).

▶ De la crête d'U Cardu, une liaison permet de gagner Ghisoni *(description et tracé pages suivantes)*.

Bergeries d'Alzeta.
Photo Marie-France Hélaers.

Ghisoni
Carte IGN 4252 OT
0
500 m
Liaison
MONTE CALVI
Bergeries de Cardo
Bocca Palmente
Bergeries d'Alzeta
GR 20
A
B
C
FORÊT DE CANALI
Mucchiello
PETRA DI RIPA
Fontaine des Strette
Fontaine de Trallica
Fontaine de l'Ondelle
Fontaine de Fumicosa
MUNALE
FIUM' ORBU
Elevage Pisc.
Pont de Catani
Forcella
Aja
Crociata

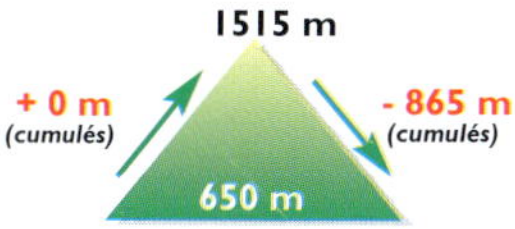

D' U Cardu à Ghisoni
aller : 1 h 45 | retour : 3 h

De la crête d'U Cardu à Ghisoni — 1 h 45

A Ghisoni : taxi

A Sur la crête d'**U Cardu**, prendre la direction des bergeries d'U Cardu *(chemin cairné)*.
Les bergeries très typiques sont occupées par plusieurs familles pendant la saison estivale.

B Aux bergeries *(point d'eau)*, continuer par le sentier jusqu'au col (1409 m) situé à l'Est du Monte Calvi.

C Prendre la direction Est/Sud-Est pour rejoindre un chemin forestier prolongé par un vieux sentier. Par une succession de petits plateaux, l'itinéraire recoupe la crête au point coté 905. Après un dernier plateau, le sentier bifurque brutalement vers le Nord et plonge dans une forêt de jeunes pins avant d'arriver dans le haut du village de **Ghisoni** (650 m).

Dans la pinède.
Photo Pascal Leygoute.

Ghisoni

Le village est disposé dans une sorte d'entonnoir dominé par une chaîne de montagnes aux aiguilles et aux noms mystiques de Christe Eleïson (1260 m) et de Kyrie Eleïson (1535 m). Au Nord, Bocca di a Sorba relie directement Ghisoni à la région centrale de l'île et à l'axe Ajaccio-Bastia, à la hauteur du village de Vivario. Au Sud, Bocca di Verde (col de Verde), que l'on franchit après avoir traversé la forêt de Marmanu, permet de rejoindre la haute vallée du Taravu.

Mais Ghisoni se tourne surtout vers la plaine orientale de l'île, que l'on atteint en empruntant, à l'Est du village, le défilé de l'Inzecca où la route en corniche surplombe le Fiumorbu, rivière qui a donné son nom à toute la région.

Depuis quelques années, l'aménagement du stade de neige de Capanelle a donné au village un atout important qui doit lui permetre, à l'avenir, de jouer un rôle certain dans le développement des sports d'hiver en Corse.

L'économie de Ghisoni est, comme pour beaucoup de villages de l'intérieur, basée sur l'élevage, l'exploitation de la châtaigneraie et le production de charcuterie.

Chiappe
1692
Bergeries d'Alzeta
64
1553
LAC D'ALZETA
GR 20
1458
1191
1621
1522
1795
1405
ZAVONA
CRETE
1931
PUNTA DI ZORPI
1842
1781
1581
GR 20
65
1515
Liaison vers Ghisoni
1694
Calanche di San Carso
1925
1802
Valle Longa
1369
1949
Arnoso
1236
Fontaine d'Arnoso
1430
1192
1773
1669
1175
1105
FORÊT COMMUNALE
1657
1084
1095
1479
1507
66
Bergeries de Scarpaccedie
0
500 m
Carte IGN 4252 OT
Fontaine de Giargolo Pinto
1601
979
1592
1714
67
1514
1289
Giargalozeo
1132
Sambuco
1854
1920
1897
Rimugeto
CRETE DE CHUFIDU
1601
DE
1458
1266
1772
Refuge
885
68
Bergeries de Capannelle
1586
1148
apannelle
D 169
1212
Tomba
1017
Tomba
1725
1825
Variante
1576
1396
Sce de Pizzolo
Pietra Niella
Porte
1081
Bergeries de Traggette
Fontanone (Sce)
1344
69
Casso
GR 20
Pont de Casaccie
1642
Pizzolo
1502
984
Riccioli e Cappelle
1390
2030
1589
Casaccie
GHISONI
1710
1812
Ventosa
1087

De la crête d'U Cardu au refuge d'E Capanelle

1 h 30

A E Capanelle :

65 Le GR® toujours en courbe de niveau reprend la direction Ouest à partir de la crête d'**U Cardu** pour passer sur les contreforts de la Punta à i Sarpi et arriver aux bergeries d'E Scarpaceghje (1450 m ; *source*).

66 Continuer jusqu'au thalweg de Giargalozeo.

67 Quitter le chemin de ronde pour s'élever, à droite, par un sentier assez raide à travers la forêt de Sambuccu et atteindre la crête de Ciufidu (1600 m). Emprunter sur 100 m en direction du Sud-Ouest, la route menant au plateau supérieur du stade de neige. La quitter pour partir à gauche et gagner, par une courte traversée descendante, le refuge d'**E Capanelle** (1586 m ; *accès routier*).

Photo Pascal Leygoute.

Les reptiles et batraciens

Une grande étude menée sous l'égide du Parc à permis l'observation de dix-neuf espèces présentes sur l'île et de leur répartition.
Le lézard de Bédriaga, espèce endémique à la Corse et à la Sardaigne est sans conteste l'une des espèces les plus originales et les plus attachantes de l'herpétofaune corse. Peu farouche et d'observation facile, il est considéré comme une espèce typiquement montagnarde.

Extrait de l'*Atlas de répartition des reptiles et batraciens*, Editions du Parc.

A signaler : il n'y a pas de vipères en Corse.

Lézard de Bédriaga

A
B
C
D
E
68
69
70
Variante
GR 20
Capannelle
Refuge
Bergeries de Capannelle
Sce de Pizzolo
Pietra Niella
Bergeries de Traggette
Pizzolo
Fontanone (Sce)
Pont de Casaccie
Tomba
Lacs de Bastani
Razzo Piazzuto
Monte Renoso
Lac de Nielluccio
Casaccie
Ricciolo e Cappelle
G H I S O N I
Ventosa e Nielluccio
Crete de Ventosa
Punta Ventosa
Rocher d'Accella
Valle Secca o Valle Longa
Punta di Valle Longa
Serconaccie
Cannareccia
Punta Orlandino
Nevala
Rocher de Valle Secca
Monte Torto
Cuscogl
Rina
Lacs de Rina
Lischetto
Crete de Pietradione
Pietradione
Col de Pruno
1972
Punta Cappella
Crete de Pietra Scopina
Fontana Nera
Fontaine d'Isolo
Bergeries des Pozzi
Fontaines de Cozzanese
Gialgone
0
500 m
Carte IGN 4252 OT

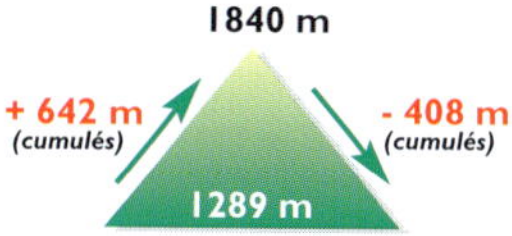

Du refuge d'E Capannelle au refuge de Prati

aller : 6 h 10 retour : 6 h *(pages 82 à 85)*

D'E Capannelle au plateau du Ghjalgone 2 h 50

68 Prendre le chemin au bas de la station d'**E Capannelle**, puis suivre vers le Sud un sentier en sous-bois qui conduit aux bergeries d'E Traghjette (1520 m ; *derniers fromages sur l'itinéraire*). Le sentier descend pour atteindre la D 169 *(qui relie Ghisoni à la station de ski)* au pont d'E Casaccie. L'emprunter sur 100 m à droite.

69 Suivre à droite le chemin de ronde. Passer les ruisseaux de Cannareccia, de Lischettu, la crête de Petra Scupina puis gagner le **plateau du Ghjalgone** (1591 m).

► Source à 50 m à gauche au pied d'un grand hêtre (sous-bois). *Bivouac interdit.*

Variante par le Monte Rinosu : aller : 6 h 30 retour : 7 h 30

► Cet itinéraire est délicat en début de saison : quelques névés peuvent subsister. Ne pas l'emprunter à cette période sans équipement adapté.

D'E Capannelle au lac de Bastani 1 h 30

A Du parking, en bas de la station d'**E Capannelle**, partir au Sud-Ouest. Le chemin est cairné (panneau *lac de Bastani*) et gagne le **lac de Bastani** (2092 m).

Du lac de Bastani au Monte Rinosu 1 h 30

B Quitter le l**ac du Bastani** et continuer en direction du plateau de Pizzolu *(source)*. Le sentier monte au Sud-Ouest en terrain découvert jusqu'à l'arête faîtière (2200 m). La suivre jusqu'au **Monte Rinosu** (2352 m). Remarquable panorama sur le golfe d'Ajaccio à l'Ouest et la côte orientale à l'Est.

Du Monte Rinosu au plateau du Ghjalgone 3 h 30

C Au **Monte Rinosu**, continuer au Sud. Le sentier passe sous la Punta de Valle Longa (2281 m ; *vue sur les lacs de Vitalacca et de Bracca*). Parcourir une arête assez étroite et atteindre le plateau de Punta Orlandinu (2273 m ; *bélvèdère sur I Pozzi*). Le site d'I Pozzi s'étage sur plusieurs niveaux. Les cuvettes intermédiaires (1800 m) et inférieures (1783 m) sont constituées de pozzines remarquables.

Monte Rinosu. *Photo Marie-France Hélaers.*

Longer la crête de Pietraghjone pour rejoindre Bocca di u Prunu (1972 m).

D De là, descendre vers les bergeries d'I Pozzi.

E Partir à gauche et descendre à flanc vers le **plateau de Ghjalgone**.

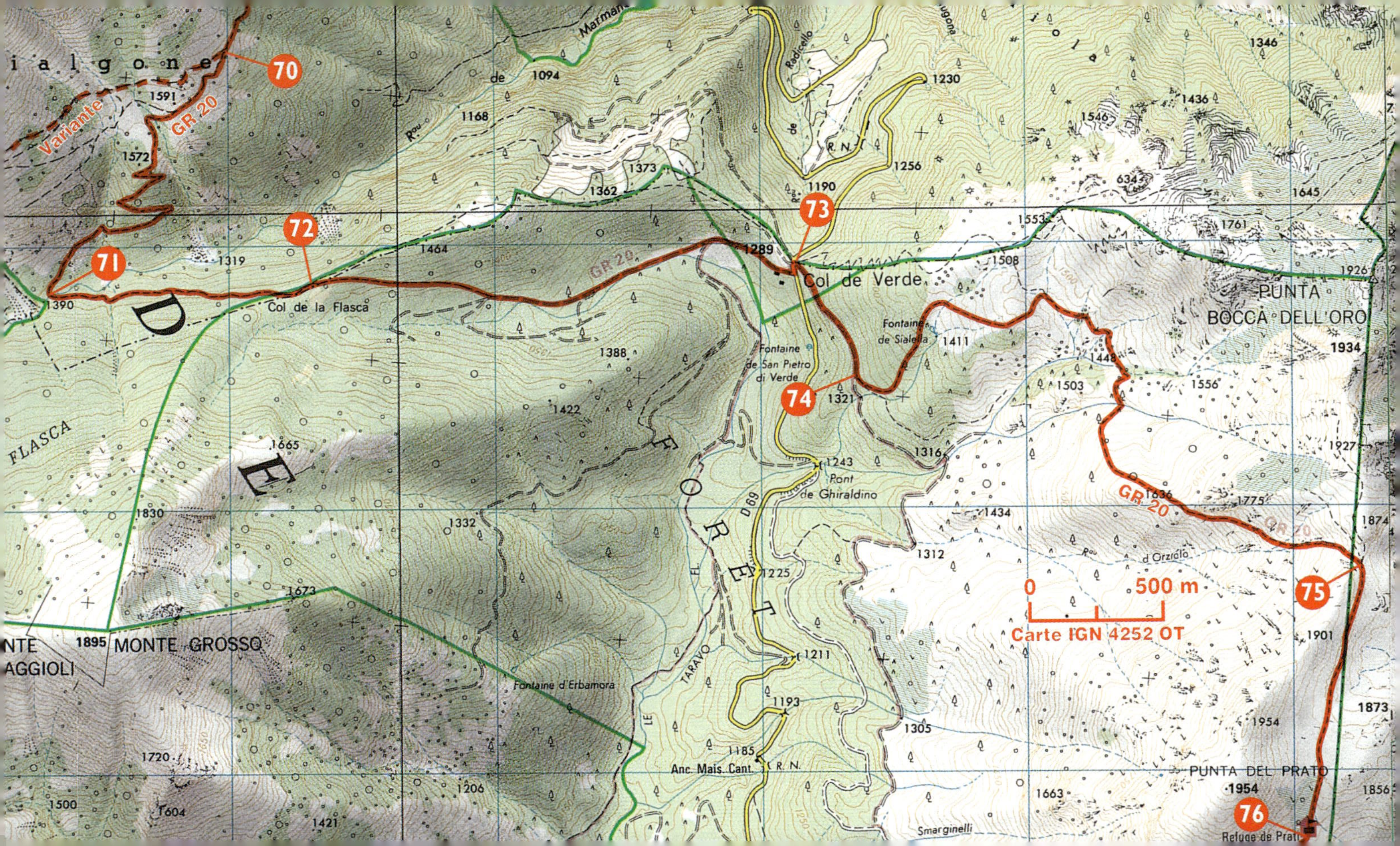

70
71
72
73
74
75
76
GR 20
Variante
Col de la Flasca
Col de Verde
Fontaine de Sialella
Fontaine de San Pietro di Verde
Pont de Ghiraldino
PUNTA BOCCA DELL'ORO
PUNTA DEL PRATO
Refuge de Prato
MONTE GROSSO
Fontaine d'Erbamora
Anc. Mais. Cant.
Smarginelli
TARAVO
FORET DE
FLASCA
D 69
Radicello
0
500 m
Carte IGN 4252 OT

Du plateau du Ghjalgone à Bocca di Verde — 1 h 30

A Bocca di Verde : bivouac aménagé

Du plateau du Ghjalgone, remarquable panorama sur le vallon du Marmanu.

▶ Arrivée de la variante passant par le Monte Rinosu.

70 Sur le **plateau du Ghjalgone**, descendre vers le Sud par un sentier qui décrit quatre grands lacets pour atteindre le fond du vallon de Marmanu. Amorcer une légère remontée vers le Sud-Ouest, traverser le ruisseau d'U Faetu et gagner le lieu-dit I Spiazzi (1410 m).

71 Franchir le torrent de Marmanu par la passerelle *(source à quelques mètres en bordure du chemin)*. Le sentier passe le long de la rive droite parmi de gigantesques sapins puis par un sous-bois de hêtres et atteint Bocca di a Flasca (1430 m).

C'est l'arête boisée qui sépare les vallées du Taravu au Sud et du Marmanu au Nord. Elle constitue la ligne de partage des eaux qui traverse la Corse.

72 Descendre sur le versant Sud de l'arête et continuer par la piste qui mène à **Bocca di Verde** ou col de Verde (1289 m ; *source aménagée*).

▶ Passage de la D 69 qui relie les villages de Ghisoni (au Nord) et Cuzzà ou Cozzano (au Sud).

De Bocca di Verde à Bocca d'Oru — 1 h 35

73 A partir de **Bocca di Verde**, le GR® s'élève par une ancienne piste forestière au Sud-Est *(bien suivre le balisage à cause des nombreuses pistes de débardage qui croisent le chemin)*.

74 Quitter la piste pour un sentier qui se dirige d'abord vers le Nord-Est, puis effectuer une traversée en courbe de niveau vers le Sud-Est. Entamer ensuite une rude montée d'abord sous des hêtres, puis en terrain découvert. Le GR® atteint la ligne de partage des eaux au lieu-dit **Bocca d'Oru** (1840 m).

De Bocca d'Oru au refuge de Prati — 15 mn

Au refuge de Prati : petit ravitaillement, bivouac aménagé

De Bocca d'Oru, par temps clair, le panorama s'ouvre sur la côte orientale, les étangs de Diana, d'Urbinu et de Palu, sur la plaine d'Aléria ainsi que sur toutes les îles de l'archipel toscan.

75 Après **Bocca d'Oru**, obliquer à droite pour emprunter le plateau de Foci di Prati au Sud et, par une légère descente, atteindre le **refuge de Prati** (1820 m ; *production artisanale*).

Pause au Bocca d'Oru. *Photo Marie-France Hélaers.*

A
B
C
D
Liaison
Liaison
0
500 m
Carte IGN 4253 ET
Refuge de Prati
Campitellu
Tredoni
Bergeries de Pruno
Bergerie de Vanarpia
Bergeries d'Alzolo
Punta Alta
Valdo del Tasso
Sarconcelli
Boggio
Querci di Lati
l'Antenna
Tassu
Giacchetto
San Rocco
Casenove
Cristina
Bighintezza
Piste Cassolajo
Isola

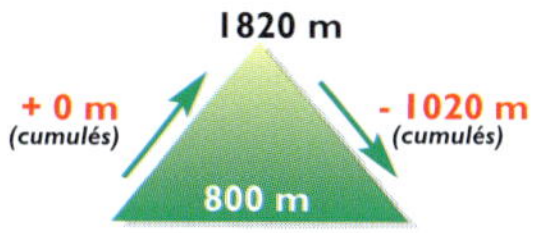

Du refuge de Prati
à Isulacciu di Fiumorbu
aller : 2 h 45 | retour : 4 h

Du refuge de Prati à Isulacciu di Fiumorbu — 2 h 45

A Isulacciu di Fiumorbu :

A Au **refuge de Prati**, s'engager en direction du Sud-Est sur un sentier qui descend jusqu'à un épaulement au lieu-dit Petra di Guli. Continuer sur le versant Est pour franchir deux croupes, passer le ruisseau de Nursuli et traverser le plateau du même nom en direction du Nord-Est. Descendre sur le versant Nord dans une forêt de hêtres et atteindre un col (1340 m).

B Prendre la direction Est pour changer de versant et rejoindre une piste. La suivre à droite (Sud).

C Partir à gauche (Est) pour franchir le ruisseau de l'Antenna, puis descendre vers les bergeries ruinées de Prunu.

D Utiliser le sentier vers l'Est, entre deux murs de clôture, qui continue à descendre en sous-bois *(chênaies et châtaigneraies)* et déboucher sur une piste. L'emprunter à droite et atteindre le village d'**Isulacciu di Fiumorbu** (800 m).

Les chaussures sèchent, au refuge de Prati. *Photo Pascal Leygoute.*

Isolacciu di Fiumorbu

Au début du 11e siècle, le village ne comptait que quelques maisons fièrement bâties autour d'un bloc de rochers ressemblant à une tour de guet. A cette époque déjà, une belle chapelle romane avait été érigée.
Le village s'est peuplé de façon plus importante certainement au début du 18e siècle. Les montagnards, qui occupaient les «cabanes» de Bosgiu à 1000 m ou les maisons reculées du hameau U Tassu ont commencé à s'installer dans le village. Après la prremière guerre mondiale, personne ne vivait plus en haute montagne, sauf au moment de la transhumance.
Isolaccio ne peut s'enorgueillir d'avoir donné naissance à un grand homme politique. Cependant, il a connu des moments, quelquefois tragiques, qui ont marqué l'histoire. C'est à Isolacciu que le général napoléonien Morand, le 6 juin 1808, arrêta dans l'église paroissiale 167 hommes de quinze à quatre-vingts ans. Il les déporta dans les prisons françaises. Tous y moururent.
Isolaccio a donné l'hospitalité au jeune Gustave Flaubert, le futur auteur de *Madame de Bovary* et de *L'Education sentimentale*, lors de son voyage à travers la Corse. Celui-ci ayant débarqué à Ajaccio traversa la montagne et fut reçu chez les *sgio* Daurelli, dont la belle maison de style corse est située sur la place de l'église.

Refuge de Prati
76
GR 20
77
PUNTA CAPPELLA
78
Bocca di Campitellu
PUNTA DI CAMPITELLU
Cima dell' Aquila
CRISTINA
FORÊT DOMANIALE DE SANT
PUNTA DI LATUNCELLU
Rocher de la Penta
Source Captée de la Penta
Bergeries d'Aria
Leccie Calve
Bocca di Rapari
Source de Rapari
79
Aria
Punta del Gatto
PUNTA DI CAMPOLONGO
0 500 m
Carte IGN 4253 ET
Laparo
Chapelle Sant'Antone
Fontaine de Ciaccia
Bocca Laparo
80
Liaison vers Cozzano
Liaison vers Catastaghiu
Liaison vers Isolaccio
Sce d'Acque Suprane
FORÊT
AGHIALE
Campitellu
Smarginelli
Pietradingoli
Nursoli
Giovanni
Taglie
Forno
Sant'Antone

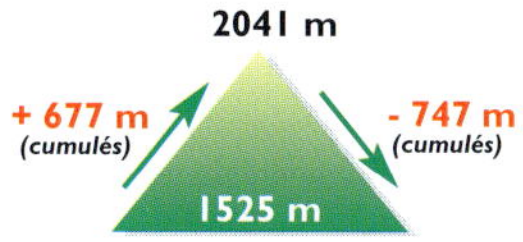

Du refuge de Prati au refuge d'Usciolu

aller : 5 h 45 retour : 6 h 30 (pages 88 à 91)

► Attention : manque d'eau en juillet-août.

Du refuge de Prati à Punta di a Capella — 1 h 20

Au refuge de Prati, se trouve une stèle commémorative de la Résistance en Corse.

76 Du **refuge de Prati**, se diriger au Sud-Ouest. Le sentier monte pour rejoindre l'arête faîtière qu'il va longer d'assez près. Gravir parmi les aulnes les raides contreforts de la Punta Cappella appelée également Costa Larga. Atteindre une éminence (1998 m).

77 Passer en traversée légèrement sur le versant Est pour atteindre un petit cirque *(un névé y subsiste parfois en début de saison)*. Le contourner en restant à l'altitude de 2000 m, pour arriver à la **Punta di a Cappella** (2041 m).

De la Punta di a Capella à Bocca di Laparò — 1 h 40

Le sentier descend de la **Punta di a Capella** vers le Sud dans une cuvette pierreuse pour passer près de Punta di Campitellu (1937 m).

78 Le GR® 20 continue sur le versant Ouest pour longer de près l'arête faîtière en traversant des pentes rocheuses assez raides. Le franchissement d'une zone escarpée d'éboulis demande une petite gymnastique, mais le terrain devient plus facile sur les pentes de la Punta di Latuncellu (1722 m). Passer en versant Est parmi les hêtres pour déboucher sur un large col, Bocca di Rapari (1614 m).

79 L'itinéraire rejoint de nouveau le versant Ouest et descend en traversant les pentes Ouest de la Punta di Campu Longu. Au point coté 1594, il retrouve la crête puis entre dans une forêt de hêtres rabougris et atteint **Bocca di Laparò** (1525 m).

Les champignons

Il existe beaucoup d'espèces de champignons dans l'île, mais très peu d'entre eux sont propres à la Corse. Suivant l'altitude, on peut en récolter presque toute l'année. Des espèces offrant un intérêt scientifique certain, ou attirant les regards par leurs formes, ou savoureuses comme les morilles, peuvent être récoltées au printemps ; c'est toutefois en octobre que les champignons sont les plus abondants (cèpes, bolets, morilles).

Extrait de *Plantes et fleurs* de Marcelle Conrad, (Editions du Parc).

Cette grande dame qui arriva en Corse en 1925 et y mourut en 1990 laisse une œuvre considérable avec l'*Iconographie de la flore corse*. Elle ne se contenta pas d'identifier les plantes, elle les peignit et développa une énergie considérable à les faire protéger.

Cèpes

DI CAMPOLONGO
1695
1368
1162
1528
1594
Lap
1005
GR 20
1155
1075
SANT ANTONE
Sce d'Acque Suprane
1104
944 Ravin de
Chapelle Sant'Antone
Sant'Antone
1149
Bocca di Laparo
1525
1258
1538
80
Liaison vers Catastaghiu (Mare a Mare Centre)
1229
Pyl.
1144
1031
1120
Liaison vers Cozzano (Mare a Mare Centre)
1239
1695
PUNTA DEI FAI BRUCIATI
1210
1505
1680
PUNTA MOZZA
1831
Bocca di Punta Mozza
1216
1188
a Rughia
PARC
1537
81
1332
1650
1253
0
500 m
Carte IGN 4253 ET
1644
1671
1954
PUNTA BIANCA
Piattamoni
Bocca di a Furmicula
1622
Fontaine de Piattamoni
1483
82
1481
MONTE FURMICULA
1981
Collu di Pratu
1879
1681
1617
1604
1961
1901
1956
1743
1645
Poriola
1515
1797
1964
1591 Bianca
1919
Crête d'Acqua d'Acelli
84
a Teghia di Bridicula
1785
Bergeries de Bianca
1741
1854
Bocca di Suragheddu
1805
Refuge d'Usciolu
83
1725
1700
1693
Liaison vers Cozzano
85
Punta di
1568
1533
Bocca di B
Bocca di l'Usciolu
GR 20
1570
1747
Monda
1651
1450
1612
1373
1579
786

▶ Jonction avec l'itinéraire *Mare a Mare Centre* (voir topo-guide *Corse, Entre Mer et Montagne*).

Liaison pour Catastaghju : aller : 3 h 30 retour : 4 h

A Catastaghju :

A **Bocca di Laparo**, descendre par le sentier à l'Est jusqu'à **Catastaghju** (523 m).

Liaison pour Cozzano : aller : 2 h 30 retour : 3 h

A Cozzano : pharmacie, médecin

A **Bocca di Laparo**, descendre par le sentier (Sud-Ouest) à **Cozzano** (727 m), d'où il est possible de monter au refuge d'Usciolu *(voir liaison pages 92 et 93)*.

De Bocca di Lapavò à Bocca di a Furmicula 2 h

80 A **Bocca di Lapavò**, le GR® emprunte le vieux sentier qui suit l'arête faîtière en direction Sud *(bivouac interdit)*. Par une succession de montées et de descentes dans une forêt de hêtres, contourner par l'Est la Punta Mozza.
81 Quitter la forêt puis, par une raide montée en lacets, atteindre l'arête faîtière à la Bocca di Punta Mozza (1800 m). La longer sur son versant Ouest jusqu'à Punta Bianca (1954 m) pour arriver à un large plateau pierreux dénommé **Bocca di a Furmicula** (1950 m), situé au pied (Nord) de Monte Furmicula.

De Bocca di a Furmicula au refuge d'Usciolu 45 mn

Au refuge d'Usciolu : petit ravitaillement, bivouac aménagé

82 A **Bocca di a Furmicula**, monter en direction de Monte di a Furmicula, franchir le sommet (1981 m), puis effectuer une traversée descendante en direction Sud-Ouest.
83 Laisser à gauche le sentier *(balisage orange)* qui mène aux bergeries de Bianca et au village de Chisa, pour gagner le lieu-dit A Teghja di a Bridincula. Par une longue descente, atteindre le **refuge d'Usciolu** (1750 m).

Les chants traditionnels

Lors des haltes dans les refuges, les bergeries d'accueil ou les quelques gîtes qui jalonnent le parcours, une randonnée sur le sentier GR® est peut-être l'occasion de découvrir l'un des arts les plus populaires et des plus répandus de l'île. La Corse s'enorgueillit en effet, de compter bon nombre de talentueux chanteurs amateurs. Traditionnellement, ces voix puissantes aux intonations si particulières, s'offrent spontanément à l'occasion de réunions amicales ou pour témoigner de la convivialité d'un repas partagé. Vecteur essentiel de resserrement des liens sociaux, le chant, en Corse, accompagne tous les événements et constitue le mode d'expression privilégié des sentiments les plus intenses hérités du plus profond de la mémoire collective.

A
B
C
Liaison
Liaison
GR 20
GR 20
Mare a Mare Centre
Mare a Mare
0
500 m
Cartes IGN 4253 OT, 4253 ET
Refuge d'Usciolu
Crête d'Acqua
Bocca di Suragheddu
Bocca di l'Usciolu
Punta di l'Usciolu
Fontaine du Pantaneddu
Cozzano
Ponte di Mezzanu
Vermanacce
Cite d'Etape
Sarbagione
Donna Dialta
Faetalla
Surdacchi
Punta di Moratella
Leccia
Lugo
Petra Pinzuta
Affacciatoju
Funtana di Navacchi
Bergerie de Pinettu
Nivalone
Castellare
Crête de Castellare
Punta di Pozzi
Punta di l'Erbacciu
Niolata
Pereltu

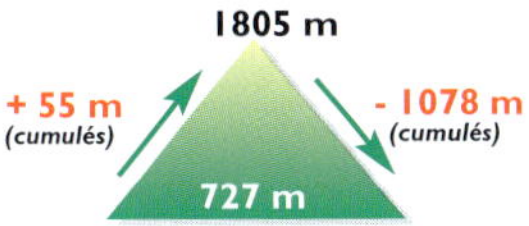

Du refuge d'Usciolu à Cozzano
aller : 2 h 30 | retour : 3 h

Du refuge d'Usciolu à Cozzano — 2 h 30

A Cozzano : *pharmacie, médecin*

A Au **refuge d'Usciolu**, effectuer une courte montée pour gagner l'arête puis la quitter pour prendre un sentier bien marqué qui descend vers l'Ouest à travers la forêt de hêtres d'Usciolu. Assez raide au départ, il s'adoucit et atteint une zone déboisée au lieu-dit Casaccia *(fontaine de Pantaneddu : source aménagée)*.
B Poursuivre, franchir le ruisseau de la Carpa et continuer à descendre. Gagner une intersection au lieu-dit I Lecci.
► Jonction avec l'itinéraire *Mare a Mare Centre* (voir topo-guide *Corse, Entre Mer et Montagne*) qui vient de Bocca di Laparo *(passage du GR® 20)* à droite.
C Descendre à gauche pour déboucher sur la D 69 au pont de Mezzana, à l'entrée de **Cozzano** (727 m).

Fort de ses 319 habitants, le village occupe un emplacement privilégié qui lui donne l'impression de commander toute la vallée : il se trouve en effet au carrefour des principaux axes routiers desservant la canton. L'élevage porcin et la charcuterie sont deux de ses activités principales.

Mouflon. *Photo PNRC.*

Liaison vers Cozzano
GR 20
Refuge d'Usciolu
Crête d'Acqua
Bocca di Suragheddu
Bocca di l'Usciolu
Punta di l'Usciolu
Punta di a Scaddatta
Faitella
Crête de Castellare
Fontaine du Pantaneddu
Punta Moratella
Surdacchi
Monte Lattone
Bocca di l'Agnone
Crête de Lattone
Liaison vers Zicavo
84
85
86
87
88
0 500 m
Cartes IGN 4253 OT - 4253 ET

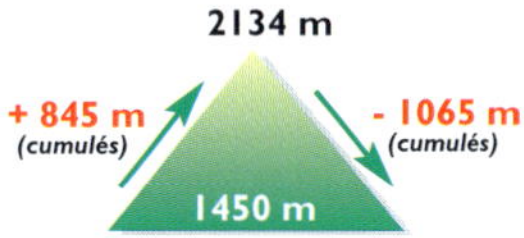

Du refuge d'Usciolu au refuge d'Asinau

aller : 8 h | retour : 8 h 30 | *(pages 94 à 95 et 98 à 101)*

▶ Il est recommandé de partir très tôt car l'étape est longue et le dernier tronçon (descente raide de l'Alcudina) exige une certaine prudence.

Du refuge d'Usciolu à Punta di a Scadatta

1 h 45

84 A partir du **refuge d'Usciolu**, le GR® 20 effectue une courte montée jusqu'à l'arête faîtière et gagne le lieu-dit Bocca di Suragheddu (1805 m).

▶ Départ de la liaison qui descend à Cozzano *(voir pages 92 et 93)*.

85 Suivre l'arête vers le Sud en parcourant l'étroit chaînon qui sépare la vallée du Haut-Taravu et la plaine Orientale pour atteindre Bocca di l'Usciolu (1780 m). Continuer en direction du Sud-Ouest, bien au-dessus de la limite des arbres. L'itinéraire chemine sur une portion de l'arête faîtière.

Cette arête est nommée *arête des Statues* en raison des nombreux rochers aux formes bizarres, mais son véritable nom *A Monda* évoque un lieu dénudé.

Le GR® arrive au point culminant de la **Punta di a Scadatta** (1836 m).

De Punta di a Scadatta à Bocca di l'Agnone

45 mn

86 Passer la **Punta di a Scadatta**, puis contourner quelques pointes rocheuses et atteindre une petite brèche caractéristique, nommée Petra di Leva.

87 La franchir et arriver à une dépression boisée de hêtres nains (1680 m). Descendre *(source à droite ; bivouac interdit)* vers une deuxième dépression beaucoup plus importante, toujours sous les hêtres, pour gagner **Bocca di l'Agnone** (1570 m).

▶ A Bocca di l'Agnone, une liaison descend à Zicavo *(voir descriptif et tracé pages 96 et 97)*.

Arête de Scadatta.
Photo Marie-France Hélaers.

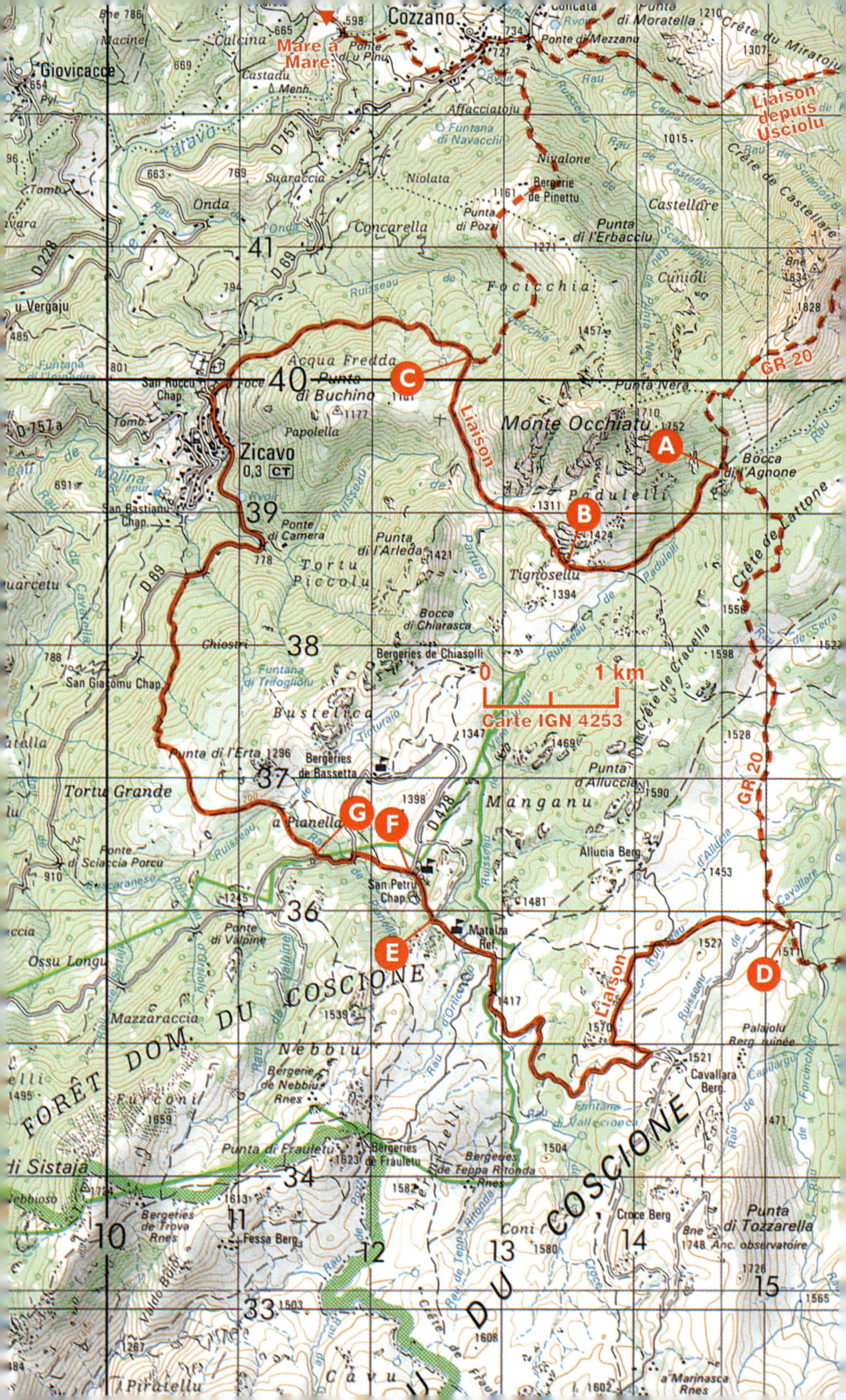

Cozzano
Mare a Mare
Giovicacce
Liaison depuis Usciolu
Crête du Miratoju
Crête de Castellare
Castellare
Punta di l'Erbacciu
Bergerie de Pinettu
Punta di Pozzi
Concarella
Niolata
Fociccia
GR 20
Acqua Fredda
Punta di Buchino
Monte Occhiatu
Punta Nera
Bocca di l'Agnone
Liaison
Zicavo
San Roccu Chap.
San Bastianu Chap.
Padulelli
Tignosellu
Punta di l'Arleda
Tortu Piccolu
Ponte di Camera
Bocca di Chiarasca
Bergeries de Chiasolli
Crête de Cracella
Crête de Lattone
0
1 km
Carte IGN 4253
San Giacomu Chap.
Chiostri
Bustelica
Punta di l'Erta
Bergeries de Bassetta
Tortu Grande
a Pianella
Manganu
Punta d'Alluccia
Alluccia Berg.
San Petru Chap.
Matalza Ref.
Ponte di Sciaccia Porcu
Ponte di Valpine
Ossu Longu
Mazzaraccia
FORÊT DOM. DU COSCIONE
Nebbiu
Bergerie de Nebbiu Rnes
Furconi
Palajolu Berg. ruinée
Cavallara Berg.
Punta di Frauletu
Bergeries de Frauletu
Bergeries de Teppa Ritonda Rnes
Bergeries de Trova Rnes
Fessa Berg.
Croce Berg
Punta di Tozzarella
Anc. observatoire
DU COSCIONE
A
B
C
D
E
F
G

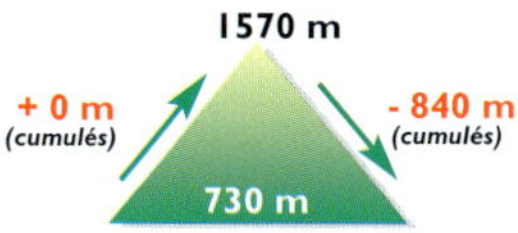

De Bocca di l'Agnone à Zicavu
aller : 2 h | retour : 3 h

De Bocca di l'Agnone à Zicavu — 2 h

A Zicavu : *médecin*

A Quitter **Bocca di l'Agnone** et s'engager dans un sentier (Sud-Ouest) qui descend régulièrement à travers les hêtres pour atteindre un plateau (1380 m).

B Poursuivre la descente au Nord-Ouest, franchir le ruisseau de Monte Ucchjattu (Occhiatu sur la carte) et entamer une traversée longeant les vieux murs de pierres qui délimitent les propriétés privées de Fuccizia et Bucchinu. La descente s'effectue ensuite sous de vieux chênes blancs de Bucchinu pour s'engager ensuite parmi des chênes et des châtaigniers plusieurs fois centenaires *(source aménagée)*. Atteindre le lieu-dit Manoga.

► Jonction avec le sentier qui relie Cozzano à Zicavu *(balisage orange)*, bretelle de l'itinéraire *Mare a Mare® Centre* (voir topo-guide *Corse, Entre Mer et Montagne*).

C Tourner à gauche et continuer à descendre sous une chataîgneraie à **Zicavu** (730 m).

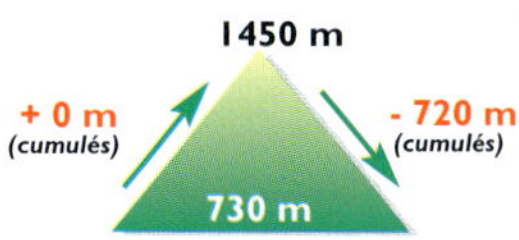

Du carrefour avec un chemin à Zicavu
aller : 2 h 45 | retour : 3 h 45

Du carrefour avec un chemin à la chapelle San Petru — 1 h 15

D Au **carrefour avec un chemin**, suivre la piste à droite (Ouest) sur 100 m. La quitter pour emprunter à droite un sentier qui descend et franchit le ruisseau de Cavallari. Le sentier passe une ondulation de terrain, le ruisseau d'Adducia, puis croise une piste pour remonter à Bocca di Marinu. Traverser la hêtraie et enjamber le ruisseau de Veragulonu. Rejoindre la piste et la suivre (Nord-Ouest) sur 500 m.

E Quitter la piste et s'engager à gauche sur un sentier pour gagner la chapelle **San Petru** *(source)*.

De la chapelle San Petru à Zicavu — 1 h 30

A Zicavu : *médecin*

F A la **chapelle San Petru**, descendre, puis emprunter la D 428 à gauche sur 50 m.

G A une stèle, quitter la route pour descendre à droite (Nord-Est) et franchir le ruisseau de Tinturaghju *(source aménagée après le ruisseau)*. Traverser le plateau de Bustelica, puis effectuer une longue descente en parcourant plusieurs étages de végétation. Emprunter la D 69 à droite jusqu'à **Zicavu** (730 m).

Monte Occhiatu
1752
88
Bocca di l'Agnone
Monte Lattone
1672
Crête de Lattone
1632
1620
1612
Padulelli
1605
1518
1424
Liaison vers Zicavo
GR 20
Tignosu
Monte
1500
1504
1387
1556
Serra di Lucianu
1527
Rau de
Crête de Cracella
1598
1501
1458
1362
1361
1459
Rau de Branc
Casamintellu
1492
1524
1580
1481
1528
1439
Rau de Forccia
Punta d'Alluccia
1590
1381
Carpicciola
1614
Berg. rnée
1629
Rau d'Alluccia
1568
Alluccia Berg.
1464
1630
Mela
1541
1453
0
500 m
Cartes IGN 4253 OT - 4253 ET
Cavallare
1663
1546
1594
1501
Ruisseau
1505
1527
1484
89
Cavallareccia
1532
1497
1434
1535
Forcinchesi
Pedinielli Refuge rné
Pedinielli Berg. rnée
90
1623
GR 20
1570
Palajolu Berg. rnée
1521
Capilargu
1601
Cavallara Berg.
1608
1695

De Bocca di l'Agnone au carrefour avec un chemin

1 h

Le GR® arrive sur le fameux plateau du Cuscionu qui est un des plus grands de Corse (7000 hectares). Un site fabuleux pour les adeptes du ski de fond.

88 Après **Bocca di l'Agnone**, le sentier débouche sur une large dépression (1556 m).

▶ Bien suivre le balisage dans la hêtraie.

Quitter l'arête de partage des eaux pour descendre légèrement à gauche (Sud-Est) et franchir un ruisseau bordé de pozzines au lieu dit Vad'arsa. A travers des clairières et des bosquets de hêtres, gagner un **carrefour avec un chemin** (1450 m).

▶ Une liaison permet de gagner la chapelle San Petru puis Zicavu *(voir descriptif et tracé pages 96 et 97)*.

Du carrefour avec un chemin à I Pedinieddi

45 mn

89 Au **carrefour avec un chemin**, le GR® 20 repart en direction Sud-Est et traverse la piste pour descendre jusqu'au ruisseau de Furcinchesu (Forcinchesi sur la carte). Le franchir sur une passerelle suspendue au lieu dit d'U Traghettu d'U Furcinchesu. Arrivé sur l'autre rive, l'itinéraire s'élève en lacets dans la forêt de hêtres pour déboucher dans une clairière sur un plateau où se trouvent les vestiges de l'ancien refuge **I Pedinieddi** (1623 m).

Ancolie *(photo PNRC)*
et passerelle sur le Furcinchesu *(photo Marie-France Hélaers)*.

Cavallareccia Berg. rnée
1663
1546
1594
Cavallareccia
1678
1766
Berg. de la Funtanella Rnes
1511
Fornu Berg. rnée
Aperta
1817
Foce
1843
Tremoli
Pedinielli Refuge rné
Bivouac
Pedinielli Berg. rnée
90
1623
GR 20
1805
Col de Luana
Valle
1513
91
1601
1695
Pargolu
Crête de la
1638
1844
1762
Ghialba
1606
1833
2014
2014
2033
1777
1800
Bocca d'a Rena
D
l'Incudine
Pil.
Punta Scarachiana
2128
Punta di Valli Tremuli
2130
1562
1715
1707
Calv.
2134
MONTE INCUDINE
1650
GR 20
1836
1731
Crête de Concatellu
Bassu
1637
2025
0
1881
500 m
92
Ritondu
Carte IGN 4253 ET
2046
1600
Refuge d'Asinau
1536
1473
2007
Funtana di Silvastrellu
1536
93
ca di Chiralba
Berg. d'Asinau Rnes
1861
Ravin de Trovone
Fne de Menta
1386
94
1450
1965
Liaison vers Quenza
Ravin
1600
Fne de Partusu
GR 20
1881
1531
1662
Longa
1875
Crête de

D'I Pedinieddi à L'Alcudina

2 h

90 Des ruines d'**I Pedinieddi**, le GR® s'élève en direction de l'Est *(source captée à 10 mn en direction du plateau)*. Quitter la forêt et monter par le versant Ouest de l'Alcudina pour atteindre Foci Aparta (1805 m ; nommé col de Luana sur la carte).
91 A partir du col, le GR® 20 prend une direction Sud/Sud-Ouest et longe l'arête pour atteindre un petit replat appelé A Spazzata. Grimper à nouveau parmi les rochers et arriver au sommet de **L'Alcudina** (2134 m).

De L'Alcudina au refuge d'Asinau

1 h 45

Au refuge Asinau : petit ravitaillement, bivouac aménagé

L'Alcudina est appelé aussi Monte Incudine. C'est le plus haut sommet du Sud de la Corse. Il doit son nom au rocher en forme d'enclume situé 200 m plus bas, sur l'arête Sud-Ouest. Vue panoramique.

Crête de l'Alcudina. *Photo Marie-France Hélaers.*

Descendre du plateau sommital de l'**Alcudina** en direction Sud-Ouest jusqu'au replat sur l'arête, Bocca Stazzunara (2025 m).
92 S'orienter au Nord-Est pour effectuer, en courbe descendante, une traversée des pentes exposées au Sud-Est jusqu'à un large thalweg situé à l'aplomb du sommet.
► La neige y persiste en début de saison (mai).
Par de courts lacets, dévaler la pente raide *(prudence recommandée en raison de la fatigue accumulée au cours de cette longue étape)* pour arriver au **refuge d'Asinau** (1530 m).

Hors GR pour les fours à chaux : 1 h 30 A/R

Du **refuge d'Asinau**, descendre par le chemin en direction des bergeries, traverser le torrent d'Asinau puis, en courbe descendante, se diriger au Sud en direction du ravin de Ghjaghiccia. Les **deux fours** se situent au fond du ravin.
Vestiges d'anciens murs du vieil Asinau. Les blocs de calcaire étaient extraits au sommet de la Punta Calcina.

Roches de Corse

La nature des roches corses est très variée. La structure complexe de l'île juxtapose des unités géologiques d'âge et de nature variés. Elles permet l'observation de diverses familles, réservant même quelques gisements peu fréquents. Classiquement, on distingue, en géologie, la Corse occidentale, granitique, mais aussi volcanique et sédimentaire et la Corse orientale schisteuse. La zone de contact est marquée par une dépression centrale de structure complexe.

Extrait de Roches et paysages, Éditions du Parc.

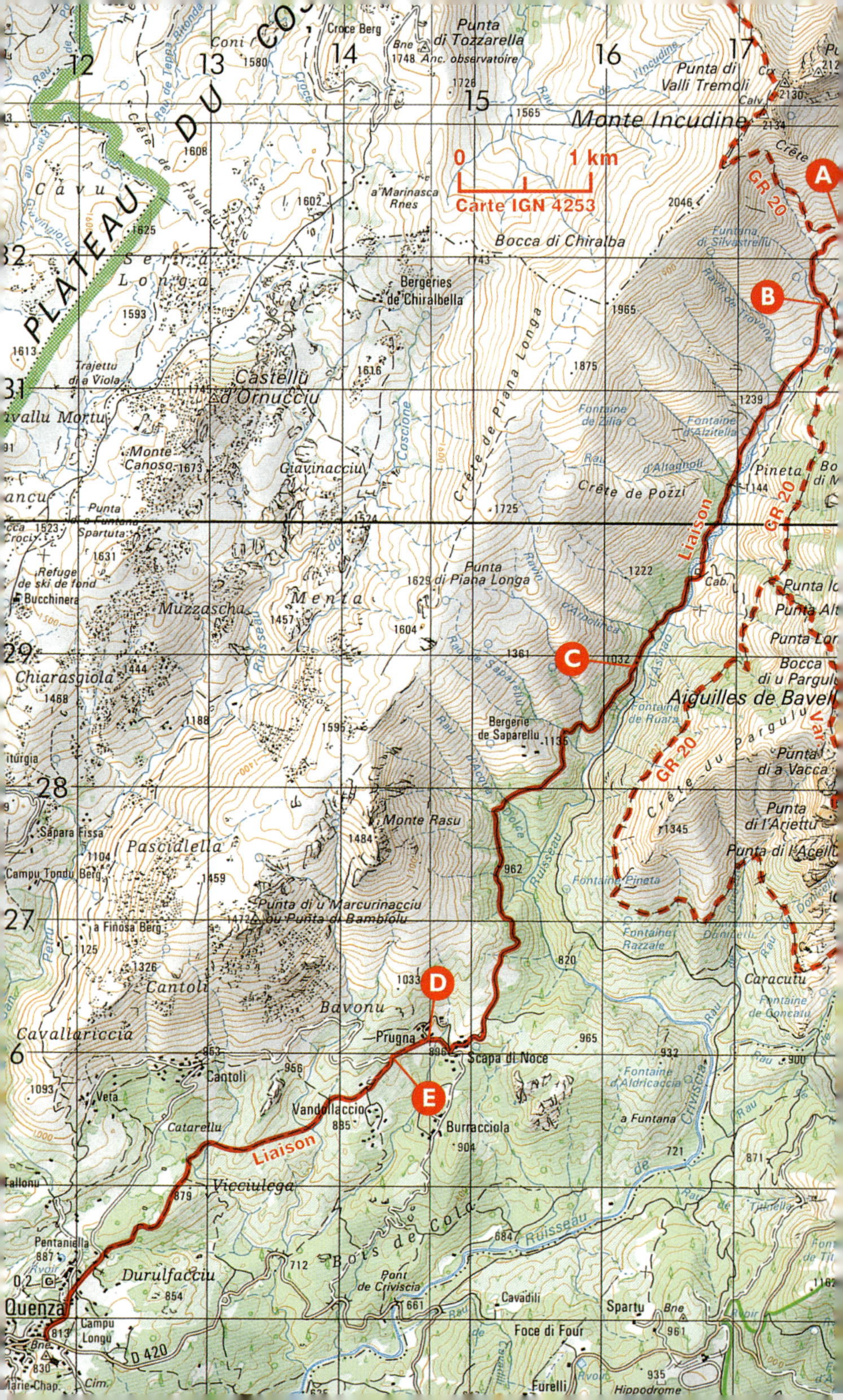

PLATEAU DU COSCIONE
Monte Incudine
Punta di Valli Tremoli
Punta di Tozzarella
Croce Berg
Bocca di Chiralba
Bergeries de Chiralbella
Castellù d'Ornucciu
Monte Canoso
Giavinacciu
Crête de Piana Longa
Crête de Pozzi
Punta di Piana Longa
Menta
Muzzascha
Chiarasgiola
Refuge de ski de fond
Bucchinera
Bergerie de Saparellu
Aiguilles de Bavella
Crête du Pargulu
Punta di a Vacca
Punta di l'Ariettu
Punta di l'Acellu
Bocca di u Pargulu
Monte Rasu
Pascidlella
Sapara Fissa
Campu Tondu Berg.
Punta di u Marcurinacciu ou Punta di Bambiolu
a Finosa Berg
Cantoli
Cavallariccia
Bavonu
Prugna
Scapa di Noce
Vandullaccio
Burracciola
Catarellu
Vicciulega
Pentaniella
Durulfacciu
Quenza
Campu Longu
Bois de Cola
Pont de Crivìscia
Cavadili
Foce di Four
Spartu
Furelli
Hippodrome
Caracutu
Fontaine Pineta
Fontaine Razzale
Fontaine de Ruara
Fontaine de Zilia
Fontaine d'Alzitella
Pineta
Ruisseau de Crivìscia
Liaison
GR 20
A
B
C
D
E
0
1 km
Carte IGN 4253
D 420

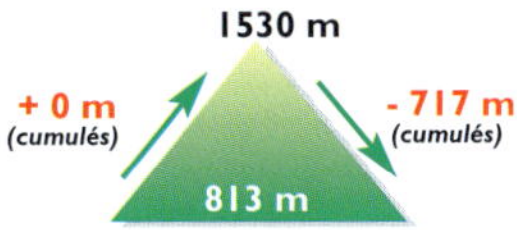

Du refuge d'Asinau à Quenza

aller : 3 h 30 | retour : 4 h 30

Du refuge d'Asinau à une intersection — 20 mn

A Quitter le **refuge d'Asinau** et suivre le GR® 20 vers le Sud-Ouest en descente jusqu'à une **intersection** (1400 m).

De l'intersection à Prugna — 1 h 40

B A l'**intersection**, prendre à droite le sentier en rive droite du ruisseau d'Asinau. Près d'un petit barrage, le franchir une première fois pour emprunter une piste carrossable puis enjamber à nouveau le ruisseau et atteindre une bifurcation de pistes.
C Ne pas suivre la piste qui part sur la gauche, mais rester sur celle de droite. Elle traverse une forêt de chênes et arrive aux maisons de **Prugna** (896 m).

De Prugna à Quenza — 1 h 30

A Quenza : *poste*

D A **Prugna**, tourner à gauche pour emprunter la piste de Quenza sur 400 m.
E La quitter pour suivre à gauche l'ancien sentier qui descend à **Quenza** (813 m).
▶ Jonction avec l'itinéraire *Mare a Mare Sud* (voir topo-guide *Corse, Entre Mer et Montagne*).

Quenza

Statue de saint Etienne, en l'église de Quenza. *Photo PNRC.*

Ce village de 230 habitants était autrefois en relation avec celui de Conca, comme l'attestent encore aujourd'hui d'anciens sentiers de transhumance.
A 200 m au Nord-Ouest du village, un peu en contrebas, l'église Santa Maria, romane de style pisan, doit dater du début du 11e siècle, bien qu'une inscription gravée il y a environ deux siècles proclame qu'elle a été construite en l'an mille. A l'intérieur, se trouve une hiératique Vierge à l'Enfant et un Saint-Etienne en bois polychrome, présentatnt des motifs fréquemment utilisés : roses inscrites dans des cercles ou des rectangles. Dans l'église paroissiale Saint-Georges, deux panneaux peints sur bois et quatre poutres sculptées représentent les Evangélistes. La commune de Quenza tente de jouer la carte d'un tourisme intégré en s'appuyant sur les potentialités du plateau de Cuscione (ski de fond, VTT, randonnée pédestre).

0
500 m
Carte IGN 4253 ET
93
94
95
96
GR 20
Liaison vers Quenza
Variante alpine
Berg. d'Asinau
Ravin de Gialghiccia
Crête de Castellucciu
Bocca di Maro
Pineta
Ravin des Fourches d'Asinau
Punta Longa
Punta di u Pargulu
Ravin du Pargulu
Aiguilles de Bavella
Punta di a Vacca
Punta di l'Arietta
Punta di l'Acellu
Col de Bavella
Punta Iolla
Punta Alta
Bocca di u Santu
Petra Sulana
Forêt Communale de Conca
Punta di San Gio Agostino
Punta di Pampalona
Bocca di u Pargulu
Punta Polischellu
Crête du Parguli
Arbosa
Ravin de Donicelli
Caracutu
d'Arpolinca
d'Altagnoli
Fne d'Alzitella
Fne de Partusu
Fontaine de Ruara
Pascialella
Ruisseau d'Asinau
Berg. de Saparellu
Dolce
Pozzi

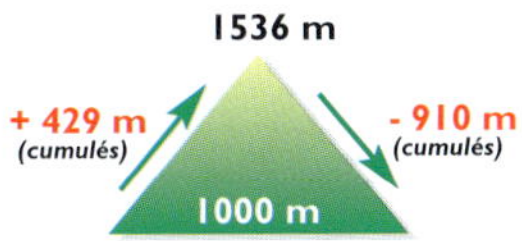

Du refuge d'Asinau au refuge d'I Paliri

aller : 7 h | retour : 7 h 20 *(pages 104 à 107)*

Du refuge d'Asinau à une intersection

20 mn

93 Au **refuge d'Asinau**, suivre (Sud-Ouest) le sentier qui descend au fond du vallon d'Asinau et rejoint une **intersection** de sentiers (1350 m).

▶ Possibilité de gagner le village de Quenza *(voir pages 102 et 103)*.

De l'intersection au panneau *Variante alpine*

1 h

94 A l'**intersection**, descendre et franchir le ruisseau d'Asinau.

▶ Gué parfois délicat en début de saison. *Bivouac interdit.*

Continuer *(source de Funtan di u Truvonu 30 mn après le gué)* et suivre la rive gauche en courbe de niveau dans une forêt de pins et de bouleaux par un ancien chemin d'exploitation forestière. Arriver au **panneau *Variante alpine*** (1320 m).

Variante alpine :

aller : 3 h | retour : 2 h 45

▶ Cet itinéraire, plus sportif que le GR®, comporte un passage rocheux équipé. Du **panneau *Variante alpine***, grimper à gauche (Sud-Est) par un sentier très raide jusqu'à la crête de partage des eaux appelée Bocca di u Pargulu, au pied de la Punta di U Pasgulu (tour IV). Descendre au Sud en direction de la Punta di a Vacca (tour III), puis longer la Punta di l'Arghjettu (tour II). Par un passage rocheux long de 10 m *(dalle équipée d'une main courante)*, descendre puis remonter pour franchir une brèche entre deux parois appelée Bocca di u Truvonu, près de la Punta di l'Acceddu (tour I). Par une raide descente dans des éboulis *(attention aux chutes de pierres)*, rejoindre **Foce di Bavedda** (appelé aussi col de Bavella) (1218 m).

Du panneau Variante alpine à Foce di Bavedda

4 h

A Foce di Bavedda :

95 Au **panneau *Variante alpine***, le sentier GR® 20 continue en courbe de niveau et sort de la forêt pour atteindre une croupe déboisée (1200 m) qui domine tout le bassin de Criviscia. Le sentier, en balcon sur la vallée, descend sur le petit plateau de Pian di a Pulvara (1040 m ; *source de Futana di a Pulvara sur le plateau et source de Razzale en contrebas du sentier*).

96 A l'Est du plateau, s'orienter progressivement au Nord-Est. Le chemin traverse une zone de maquis et de pins maritimes, passe un petit ruisseau puis remonte au col de Bavella dénommé **Foce di Bavedda** (1218 m ; *site classé, accès routier*).

Aiguilles de Bavedda. *Photo Marie-France Hélaers.*

de Bavella
Punta di a Vacca
Punta di l'Ariettu
Punta di l'Acellu
Chaîne
Punta Bigornu
Croix Leccia
Variante alpine
Col de Bavella
Gîte d'étape
Village de Bavella
Funtana di u Cannone
Gîte d'étape
GR 20
97
98
99
100
101
102
Pampalonu
Trovone
Ravin de Tijeta
D 268
FORÊT DOMANIALE
Orgui di u San Petru
Foce Finosella
Tafunata
Punta Tafunata di i Paliri
Refuge de Paliri
Punta di i Paliri
Punta di l'Anima Damnata
Foce Finosa
Crête
Punta Aracale
Punta Ciacciano
Punta Caletta
Punta Erbajola
Punta San Petru
Volpajola
Cannone
Bocca Furesta
Fne de Picchiarone
Calanca Murata
Muratellu
Furcone di i Paliri
0
500 m
Carte IGN 4253 ET

De Foce di Bavedda à Foce Finosa — 1 h

▶ Foce di Bavedda est un site classé : camping, bivouac et feux interdits.

97 A **Foce di Bavedda**, remonter jusqu'à l'oratoire de Notre-Dame-des-Neiges près de la D 268, puis suivre la route jusqu'au petit hameau de Bavedda et gagner l'auberge *(fontaine et gîte d'étape)*.
98 Près de la Funtana di u Cannone, le vieux sentier *(fréquenté autrefois par les habitants de Conca)*, reliant la mer à la montagne, repart à travers une remarquable forêt de résineux. Au bout de la piste en terre, le sentier descend vers l'Est en perdant 200 m puis retrouve une nouvelle piste qui franchit le radier de Vulpajola (1010 m).
99 Quitter la piste pour monter par un sentier aménagé qui s'élève en lacets. Soutenu par des murettes, il atteint **Foce Finosa** (1206 m).

De Foce Finosa au refuge d'I Paliri — 40 mn

Au refuge d'I Paliri : bivouac aménagé, source

Le Foce Finosa offre un large point de vue sur les aiguilles de Bavella, le golfe de Porto-Vecchio, la Sardaigne et, vers le Nord, sur le San Petronu.

100 Franchir **Foce Finosa** et descendre sur le versant Sud-Est par un sentier aménagé dans une pente assez raide jusqu'à une altitude de 1000 m, puis se diriger vers la gauche à peu près horizontalement.
101 Quitter le vieux sentier et tourner sur la gauche pour remonter vers les anciennes bergeries *(source d'I Paliri)* et arriver au **refuge d'I Paliri** (1055 m).

Hors GR pour la Punta Tafunatu di i Paliri : 2 h 30 A/R

▶ L'accès au pied de la **Punta Tafunatu** (1312 m) se fait par un sentier, mais il faut prévoir un équipement *(baudrier avec longe)* pour accéder au trou.
Cette pointe a été équipée en via ferrata par les agents du Parc naturel régional de Corse en 1999. Plus de 30 échelons ont été scellés et 70 m de câble fixés. En prenant quelques précautions, l'accès au trou est sans difficulté. Prévoir une longe avec baudrier pour accéder au sommet.
Vue impressionnante sur tout le massif des Aiguilles de Bavella et sur l'étape du GR® 20 allant à Conca.

Photo Pascal Leygoute.

Refuge de Paliri
1055
101
102
103
104
105
GR 20
Punta di i Paliri
Punta di l'Anima Damnata
Monte Bracciutu
Foce di u Bracciu
Bocca di Monte Bracciutu
Furcone di i Paliri
Punta di Monte Sordu
Bocca di u Sordu
Monte Sordu
Capellu
Capeddu
Tanella
Liaison vers Sari-Solenzara
Punta Balardia
Punta Pinzuta
FORÊT
Ruisseau de Jallicu
Jallichellu
Buzzichellu
Peralzone
Crête de Cervi
Vangone
Velaco
Frassiccia
Punta di a Chiave
Crête de la Chiave
Carciara
Pino Negro
Vega Bianca
0
500 m
Carte IGN 4253 ET

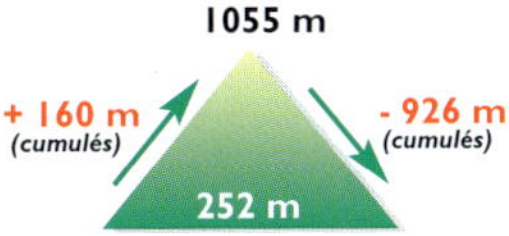

Du refuge d'I Paliri à Conca

aller : 5 h | retour : 6 h 15 (pages 108 à 111)

Du refuge d'I Paliri aux ruines de Capeddu

2 h 10

102 Quitter le **refuge d'I Paliri**, descendre vers le Sud-Est, puis passer à droite (Sud-Ouest) de la Punta di l'Anima Damnata et gagner la Bocca di Monte Bracciutu (971 m).

103 Le chemin prend une direction Nord-Est. En restant à gauche de l'arête principale, versant Solenzara, passer par le petit plateau Massa d'u Granu (917 m ; sur la carte *Foci di u Bracciutu*). Descendre à nouveau sur le versant Est, puis par une série de raides lacets, gagner l'arête à Bocca di u Sordu ou Bocca Villagheddu (1040 m).

104 Passer sur le versant Sud en terrain aride et sablonneux. Après une descente, atteindre les **ruines de Capeddu** (850 m ; indiquées *cabanes de Capeddu* sur la carte).

Le GR 20

Il existe un chemin, là-haut tout près du ciel,
De granite et d'étoiles, puissante citadelle,
Sente qui ne dévoile ses infinies splendeurs,
Qu'aux humbles pèlerins que sont les randonneurs.

De Calinzana à Conca, face à la mer bleutée,
Parmi les asphodèles ce sentier balisé,
S'élance à l'assaut des premiers contreforts
De la grande barrière au somptueux décor.

Les senteurs du maquis, à peine dissipées
Il s'enfonce au cœur du royaume des bergers,
Chemins de transhumance aujourd'hui désertés
Sauf encore par des hommes épris de liberté.

Des gorges de Bonifatu à la vallée d'Asco
Les roches vous enserrent en un puissant étau,
Au fur et à mesure que le rivage s'éloigne,
Il pénètre les entrailles de la haute montagne….

Et, lorsque de l'Usciolu, il franchit le portail,
Tranché dans le granit comme une immense faille,
Si vous avez suivi son chemin chaotique,
Vous aurez parcouru le GR 20 mythique.

■ Maria Benvenuti-Navari
Extrait de *Corse, terre de Monts et Mer-veilles*

Photo Pascal Leygoute.

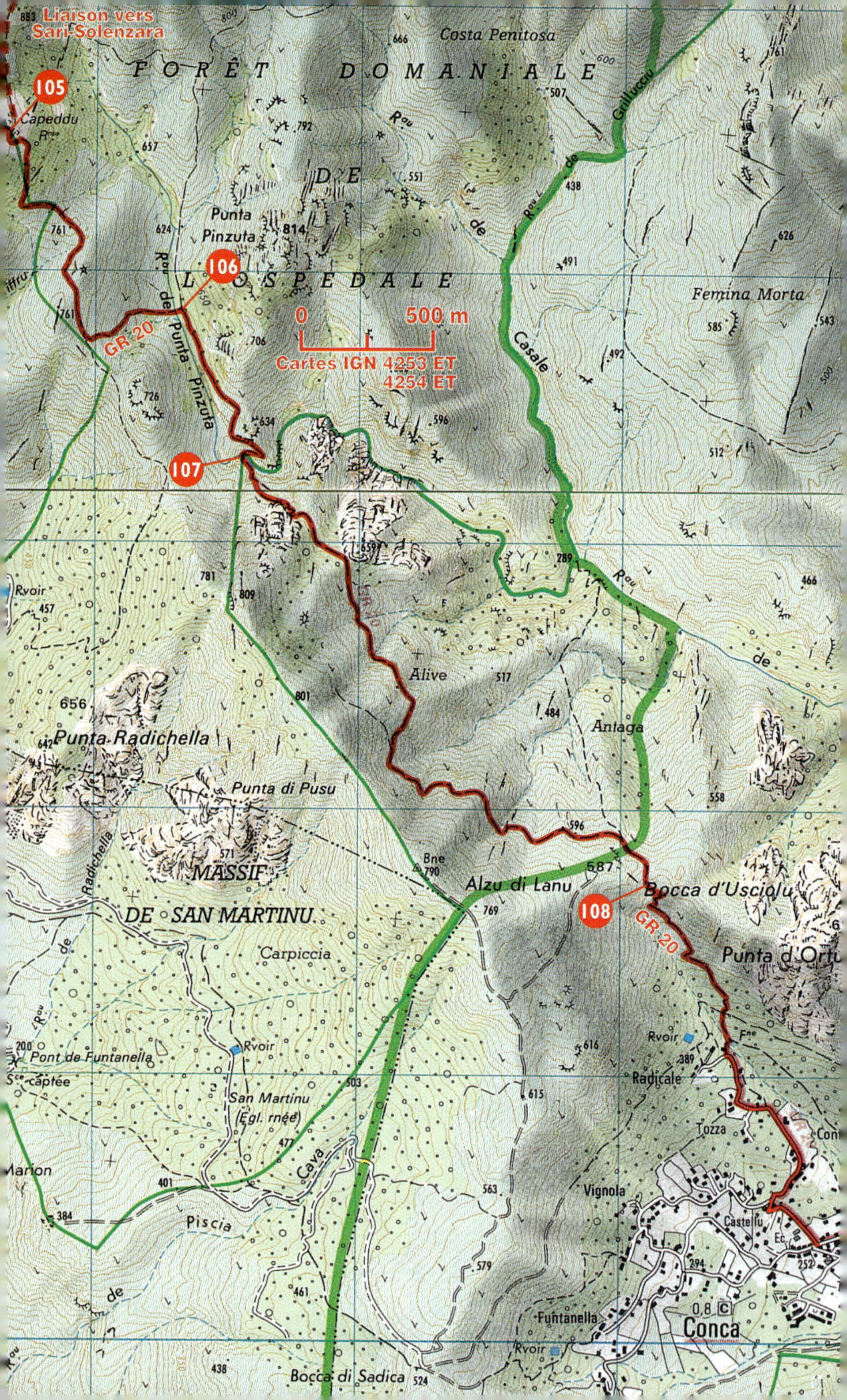

Liaison vers Sari-Solenzara
105
Capeddu
FORÊT DOMANIALE DE L'OSPEDALE
Costa Penitosa
Punta Pinzuta
814
106
Rau de Punta Pinzuta
GR 20
0
500 m
Cartes IGN 4253 ET
4254 ET
107
Rau de Grillucciu
Rau de Casale
Femina Morta
Alive
Antaga
Punta Radichella
Punta di Pusu
MASSIF DE SAN MARTINU
Bne 790
Alzu di Lanu
587
Bocca d'Usciolu
108
GR 20
Punta d'Ortu
Carpiccia
Radichella
Pont de Funtanella
Rvoir
San Martinu (Egl. rnée)
Radicale
Tozza
Vignola
Castellu
Cava
Piscia
Marion
Funtanella
Conca
Bocca di Sadica

Liaison pour Sari di Solenzara : aller : 4 h retour : 5 h

A Sari di Solenzara :

► Aux ruines de **Capeddu**, prendre la direction de la source (*sur 200 m environ*), monter en direction de Punta Balardia, passer sous Punta Batarchione. Descendre le long de la crête de Renosu, continuer et passer à Bocca d'Alzetta Longa (*645 m*). Continuer par une traversée descendante pour arriver sur une piste ; l'emprunter à gauche (laisser la piste qui descend sur la droite). Environ 700 m plus loin, dans un virage, prendre une piste allant sur la droite sur 300 m environ (*balisage jaune*). Sur la boucle du mont Santu (*panneau*), quitter la piste pour monter sur la gauche vers la crête pour rejoindre le mont Santu (*599 m, vue sur 360°*). Descendre par un sentier jusqu'au réservoir du village de Sari di Solenzara. Continuer le sentier (*bien suivre le balisage*), prendre la piste de gauche à la première maison. Tourner sur la droite pour arriver au centre du village de **Sari di Solenzara**.

Des ruines de Cappedu à la Bocca d'Usciolu 2 h 10

105 Le sentier quitte les **ruines de Capeddu** et descend au Sud-Est pour franchir une première fois le ruisseau de Punta Pinzuta.

106 Emprunter vers le Sud un ancien sentier qui traverse une forêt dégradée.

107 A l'altitude de 550 m, franchir de nouveau le ruisseau de Punta Pinzuta. Le longer un peu, puis remonter par quelques raides lacets. Après un long parcours en courbe de niveau, atteindre la **Bocca d'Usciolu** (587 m).

De la Bocca d'Usciolu à Conca 40 mn

A Conca : *taxis*

A partir du col, vue sur le village de Conca.

108 Franchir **Bocca d'Usciolu**. Par une descente, arriver à la fontaine de Radicale qui se trouve à côté du réservoir. Continuer à descendre par la route à gauche sur 1,5 km jusqu'au centre du village de **Conca** (252 m).

► Conca se situe à 5 km de Santa Lucia di Portivechju (Sainte-Lucie-de-Porto-Vecchio) par la D 169.

► Attention, pas de navette pour Porto-Vecchio, desservi à Sainte-Lucie !

Le gîte de Conca assure une liaison réservée à ses clients.

Chaque été, les habitants de Conca (I Cunchesi) rejoignent Bavedda, leur village d'été construit sur un terrain concédé par l'état sous Napoléon III.

Conca

Situé au pied du rocher de la Punta di l'Ortu, le village doit son nom à sa forme particulière, une véritable conque. Ici, la route s'arrête. Autrefois, le lieu n'était occupé que par les bergers de Zicavo pratiquant la transhumance. Peu à peu, une sédentarisation s'est organisée avec toujours la transhumance, mais plus proche celle-ci, vers Bavedda. Une douzaine de hameaux de quelques maisons se sont construits. En point d'orgue, l'église et le cimetière implantèrent définitivement les nouvelles générations. Aujourd'hui, le développement du tourisme balnéaire et la proximité du littoral, ont changé la destinée de Conca. Les résidences secondaires se sont multipliées et le village connaît actuellement une occupation maximale en été. Vous ne manquerez pas de visiter l'exposition permanente de costumes corses d'époque à la salle des fêtes, et la maison du GR® 20.

Index des noms de lieux

15e édition : août 2006

ISBN : 9-782751-401732

Dépôt légal : juin 2007
Compogravure : MCP, Saran
Imprimé en France sur les presses de Corlet, Condé-sur-Noireau - N° 105009